T0018142

BESTSELLER

[!]

Jaime Jaramillo, Papá Jaime, conocido internacionalmente por su labor social y su contribución a la paz mundial, es originario de Colombia; ha viajado por muchos países difundiendo su mensaje inspirador de paz y amor, así como su filosofía de vida, que sirve de orientación a los seres humanos. Es el creador de la Fundación Niños de los Andes, la cual ha trabajado durante más de cuatro décadas en la recuperación de cerca de 85 000 niños que han vivido en las calles y alcantarillas de su país; y de Liderazgo Papá Jaime, empresa que tiene como misión inspirar y despertar conciencia individual y colectiva desde el amor.

En la actualidad es escritor y conferencista, y sus ideas tienen mucho de la sabiduría de Oriente, aplicada a la vida acelerada de Occidente. Considera que cuando el ser humano aprende a vivir la vida tal y como llega, con serenidad y alegría, encuentra la verdadera felicidad.

Sus mensajes también llegan al mundo entero a través de intervenciones en programas de televisión y radio, de escritos en periódicos y revistas, al igual que a través de sus libros y CD de autoayuda y crecimiento espiritual.

Gracias al aporte que ha brindado a la humanidad, es reconocido por muchos como líder social y maestro espiritual. Esto lo ha hecho merecedor de múltiples galardones y reconocimientos internacionales como el Premio Mundial de la Paz al lado de la madre Teresa de Calcuta en 1990, como uno de los 50 líderes espirituales y humanistas del siglo xx por el Premio Toyp Jóvenes Sobresalientes del Mundo y como Embajador Mundial de la Paz en el año 2002 en Seúl, Korea, entre muchos otros.

Papá Jaime

Jaime Jaramillo

Escucha la voz de tu corazón

DEBOLS!LLO

Penguin
Random House
Grupo Editorial

Primera edición en Debolsillo: enero, 2024

© 2016, Jaime Jaramillo
© 2024, Penguin Random House Grupo Editorial, S. A. S.
Carrera 7 # 75-51, piso 7, Bogotá, D. C., Colombia
PBX (57-1) 7430700

Diseño: © Penguin Random House Grupo Editorial / Patricia Martínez Linares
Fotografía de cubierta: © Stijn Dijkstra / EyeEm / Getty Images

Impreso en Colombia-*Printed in Colombia*

ISBN: 978-628-7641-42-6

Compuesto en caracteres Garamond

Impreso por Editorial Nomos, S.A.

*A mis queridos nietos Agustina e Ignacio,
para que la voz que emana de sus lindos corazones
nunca se extinga, para que no pierdan su gran capacidad
de asombro y disfruten plenamente sus vidas.*

Contenido

Presentación

Recuerdo alegremente esas hermosas y cautivadoras parábolas de Jesús, aquellas inolvidables fábulas de Esopo y los auténticos cuentos de la sabiduría popular paisa que me contaba mi abuelo cuando yo era pequeño, ya que estas historias me inspiraron a soñar y a ver la vida de una forma diferente. Todas me ayudaron a entender que después de la oscuridad siempre viene la luz, me enseñaron a transformar los problemas y las crisis en oportunidades para crecer, a convertir mis debilidades en fortalezas, a vencer el miedo con el amor puro, a aprender a reírme de mí mismo, a comprender que lo importante no era lo que dijeran de mí sino lo que yo pensara de mí y, finalmente, a dar sin esperar nada a cambio.

Las historias de vida tienen una magia y un poder que nos ayudan a incursionar en el fabuloso mundo de la imaginación y la creatividad para sacar lo mejor de nuestro interior, y hacen que instantánea y sutilmente nos identifiquemos y nos involucremos con sus personajes, de esta manera podemos vivir una experiencia sensorial y emocional tan intensa, que nos da la sensación de haberla tenido personalmente.

Desde niño sentía una gran fascinación no solo porque me contaran cuentos, sino por poder reunir a mis compañeros de colegio y transmitirles con mis propias palabras el elixir del amor y la sabiduría que extraía de todas esas historias. Esto potenció mi capacidad de asombro y de estar alerta permanentemente ante todo acontecimiento que sucediera frente a mis ojos, para aprender de él y compartir con otros lo aprendido.

A medida que transcurría el tiempo, empecé a observar que había dos fuerzas poderosas y diametralmente opuestas, presentes en cada una de las historias, sin entender aún la enorme importancia que tenían en el equilibrio emocional de la gente. Estas dos fuerzas eran el miedo y el amor. Grandes protagonistas, que marcan sustancialmente la diferencia entre llevar una vida miserable, llena de rencor, ira, odio, violencia, culpa, desconfianza, crítica, estrés, angustia, sufrimiento, tristeza o depresión, y una vida plena, llena de amor incondicional, paz interior y alegría pura y desbordante.

La industria del entretenimiento y los medios de comunicación, con un despliegue espectacular de todo su poder, nos han hecho creer que el fin del mundo está cerca, que la Tierra será destruida, y se han encargado de mostrar una sociedad donde reinan el odio, el terror, los conflictos y la violencia. Esto hace que nos contaminemos con miles de creencias que usan para manipularnos y para que el miedo reine entre nosotros, con el fin de mantenernos controlados. Por eso, vivimos en una angustia permanente ante la amenaza de tragedias que nunca suceden, pero que sí sufrimos como si hubiesen ocurrido.

Quiero que descubran ese maravilloso mundo que está en el interior de cada uno de nosotros; aquel en el que, si nos atrevemos a escuchar en silencio la voz que emana de nuestro corazón, que es nuestra consciencia*, podremos redescubrir la vida y encontrar la paz interior, el amor incondicional y la alegría pura. Cuando, sin darnos cuenta, nos dejamos contaminar de lo que viene del exterior, de las manipulaciones de otros, quienes debido a sus celos y envidias nos critican, juzgan y enjuician es precisamente cuando dejamos de escuchar esa voz.

Para poder aplicar esto a nuestra vida debemos estar muy alertas y conscientes ante cualquier decisión que debamos tomar, ya que en ese preciso momento será cuando aprenderemos a distinguir entre estas dos fuerzas. Tenemos que aprender a observar todos los acontecimientos que suceden a nuestro alrededor para estar seguros de no tomar una decisión desde el miedo o desde el amor, ya que nuestro futuro dependerá de esto.

Probablemente te harás las siguientes preguntas: ¿Qué es escuchar la voz del corazón? ¿Cómo hacer para

---

* *Conciencia*: conocimiento que se adquiere a través de las creencias y te da la capacidad de distinguir entre el bien y el mal.
Consciencia: conocimiento intuitivo que tienes de ti mismo y de todo lo que te rodea.

saber que lo que estoy escuchando realmente es mi corazón y no mi mente parlanchina? ¿Cómo estar seguro de que la decisión que estoy tomando es la correcta?

¿Qué es escuchar la voz que emana de tu corazón?

Muchas veces, sin darte cuenta, puedes quedar atrapado en una trampa mental, por lo que sufres y te desgastas debido a que no puedes estar presente en cada momento y consciente de él; es así como te vas para el pasado a rumiar basura o vives en un futuro que no ha llegado y es irreal, y eso es lo que te desgasta.

Escuchar la voz que emana de tu corazón es cuando te observas en silencio y empiezas a conocer realmente cómo eres en tu interior, qué tipo de pensamientos, sentimientos y emociones tienes y puedes identificar ante la situación que estás viviendo, si reaccionas asustado por el miedo o si actúas desde el amor. El ego, que es donde vive el miedo, siempre tratará de engañarte haciéndote creer que la decisión que debes tomar es aquella que te brinde más comodidad, más confort, así tengas que comprometer tus principios, tus valores, o debas hacer aquello que no quisieras realizar o decir, incluso sacrificándote o dejando de ser lo que eres por complacer a otra persona o buscar su aprobación.

Cuando ignoras y acallas con displicencia esos gritos desesperados de tu voz interior, y cuando a pesar de que sientes que definitivamente debes salir de esa situación que te está causando tanto dolor y no lo haces, entonces dejas de escuchar a tu corazón y, por ende, ese sufrimiento y ese dolor serán cada vez más grandes. En ese momento, el miedo se apodera de ti y sientes que no puedes dar un paso más, que el mundo se derrumba ante tus ojos. Recuerda que la gran mayoría de las veces el miedo se encuentra sutilmente enmascarado, no es real, es ilusorio y ficticio, ya que tú mismo lo creaste; lo reconocerás en esa gama exótica de múltiples disfraces, tales como la tristeza, la ira, los celos, la angustia, la depresión, la desconfianza o la culpa, entre muchísimos más. Mientras más te alejes de tu esencia sagrada, que es el amor puro, que es tu consciencia divina, más te acercarás al miedo y dejarás de ser uno con el universo, al igual que cuando se saca una gota de agua de su esencia, que es el mar, esta se debilita, pierde su fuerza y se seca.

¿Cómo hago para saber que estoy escuchando mi corazón y no mi mente parlanchina?

Cuando escuchas la voz que emana de tu corazón, todo comienza a fluir, te vuelves valiente, sale a flote tu coraje, descubres dones y talentos naturales que tenías escondidos, destruyes las barreras mentales que no dejan fluir al amor puro. En ese instante puedes vencer la resistencia y se abrirá ese campo mágico, natural, exótico y poderoso del amor que todo lo puede, que es capaz de cambiar cualquier situación que te esté causando sufrimiento.

En ese estado de consciencia de amor puro, te unificas con la creación y puedes lograr esos grandes cambios que deseas en tu vida, ya que esa energía que liberas se convierte en creatividad y comienzas a valorar absolutamente todo. Valoras cosas tan simples como tu respiración, porque sabes que es la que te da la vida; disfrutas de cada inhalación y cada exhalación, y aprecias intensamente cada paso que das, es decir, que sientes tu cuerpo, experimentas tus sentidos al límite, oliendo, tocando, palpando. Cuando estás tan embebido en ese gozo por la vida misma, el miedo pierde su fuerza, se desintegra, desaparece y las cosas del exterior dejan de ser importantes para ti, porque ya no necesitas llenar el vacío que tenías en el corazón con la bulla, el ruido y los disfraces del exterior. Ya no interesa lo que sucedió en el pasado ni lo que vendrá en el futuro; lo único importante es lo que está sucediendo en tu presente, aquí y ahora.

¿Cómo estar seguro de que la decisión que estoy tomando es la correcta?

Te voy a recomendar lo más simple que existe en la vida. Coge un papel y un lápiz (no lo hagas mentalmente), y obsérvate en silencio, identificando y escribiendo en una columna las ventajas, las cosas positivas y lo que realmente te da tranquilidad, paz interior y alegría de la situación que estás viviendo. En la columna opuesta escribe todas las cosas negativas, las desventajas, así como lo que te causa malestar y te desgasta emocionalmente.

Es bien importante que no escuches al ego, ya que él te va a refrescar los recuerdos y las memorias alegres, esplendorosas, deliciosas, y debido a lo contaminado que estás no podrás ver que eso ya pasó, que ya no existe y que nunca jamás volverá a ser igual. El ego y, por ende, el miedo, van a tratar de engañarte, magnificando las pequeñas cualidades o momentos de éxtasis o pasión, o minimizando los grandes defectos, vicios, desprecios o rechazos. Cuando tengas esa lista en tus manos, ponla en la balanza, y hacia el lado que se incline te estará marcando claramente la elección y la decisión que debes tomar. Recuerda que cuando eliges, decides y actúas siempre de la misma manera, y si esperas que un golpe de suerte te saque del hueco, estás actuando tontamente. Tienes que escuchar la voz de tu corazón, que te inspirará a elegir, decidir y actuar de un modo distinto, y obviamente los resultados también serán diferentes.

Es mi intención que por medio de estas historias, que he dividido en tres partes, puedas reflexionar sobre la forma como vives y tomas tus propias decisiones, para que desenmascares el fantasma del miedo que está camuflado sutilmente en la mente; así, cuando sientas ese vacío interior o estés atrapado en una encrucijada mental, podrás volver a ellas para que te reconforten emocional y espiritualmente y te inspiren a elegir con consciencia, a decidir desde el amor y no desde el miedo y, por lo tanto, a actuar correctamente.

He agrupado estas historias para que, de acuerdo con la situación que estés viviendo, encuentres fácilmente aquella que te pueda ayudar en determinado momento. Algunas de estas historias han sido señales divinas en mi vida, que me han marcado y me han hecho evolucionar; otras me han llegado por intermedio de personas que he conocido y me han inspirado con sus acciones, y otras más se me han presentado a través de seres totalmente inconscientes, que han cometido actos salvajes, perjudicando y haciéndoles un gran daño a otros y a ellos mismos. Cuando reflexionamos sobre cada una de estas historias, nos percatamos de que el ser humano tiene una inmensa capacidad de realizar cambios sustanciales en su vida y lograr una transformación profunda desde su interior, que es desde donde viene la verdadera transformación, cuando aprende a escuchar la voz interior que emana de su corazón.

Recuerda que cada situación que experimentes, cada obstáculo que encuentres en tu camino o cada persona con la que entables una relación son tus maestros para que puedas practicar este maravilloso arte de escuchar a tu corazón. Mientras más consciencia tengas de esto, más alerta estarás y pronto verás cómo cada vez el miedo, el sufrimiento y la angustia estarán menos presentes en tu vida. No hay pastillas mágicas ni pócimas secretas para hallar fácilmente el camino a la paz interior, pero sí existen herramientas que te pueden fortalecer y convertir en un ser más espiritual, más calmado y más humilde, lo que te ayudará a disfrutar plenamente de cada cosa que te llegue.

Y por último, es importante que entiendas que cualquier crisis o pérdida es una oportunidad para descubrir grandes dones, cualidades y talentos que ni siquiera sabías que tenías. Una crisis pasa por un proceso natural, en el que vives diferentes etapas. Si logras identificarlas y simplemente las observas, como si le estuvieran pasando a otra persona, podrás, en medio del dolor, disfrutar de las enseñanzas que esto le deja a tu vida. En una crisis, lo primero que haces es negar, ignorar o rechazar aquel suceso que está ocurriendo y que no quieres aceptar; después, cuando comprendes que ese suceso sí es real en tu vida, sientes rabia e ira por eso que consideras injusto, buscando inmediatamente a quién echarle la culpa; después, te aferras a Dios o a lo que sea, en promesas y regateos interminables, hasta que entras en un gran sufrimiento o una depresión que te hace sentir que el mundo se derrumba ante tus pies, que nada tiene sentido. Si con fuerza de voluntad, coraje y fe soportas ese dolor intenso que sientes y aprendes a disfrutarlo, la luz brotará intempestivamente de esa oscuridad y en ese momento podrás aceptar, entender, comprender lo que sucedió, haciendo que el miedo y la tristeza desaparezcan y la alegría y el amor regresen a tu vida.

La magia del amor

*Lecciones de vida aprendidas de otras personas
que han impactado mi vida.*

Todas las personas tienen la capacidad de cambiar desde el interior cuando deciden escuchar la voz que emana de sus corazones, pero la mayoría de las veces no pueden oír esa voz debido al miedo que constantemente las lleva a actuar sin sentido y a tomar decisiones erróneas en sus vidas. Solo cuando en silencio deciden enfrentar el miedo y dejar que el amor ilumine sus vidas, lograrán ver grandes cambios y podrán motivar a otros para que también lo intenten.

Día a día, en las campañas que hacemos con la Fundación Niños de los Andes o con Liderazgo Papá Jaime, y en las conferencias y talleres que dictamos alrededor del mundo, llegan a mí personas que han decidido escuchar esa voz y que al hacerlo han dado grandes giros a sus vidas. Esas historias me han llenado de alegría, sembrando en mí la semilla de la esperanza de que algún día, uniendo todos estos corazones, logremos un verdadero despertar de consciencia colectivo que ayudará a que la humanidad se libere de los miedos, conviva en paz y disfrute a plenitud todo lo que la vida le da, y así inspirar a otros para que se conviertan en canales de paz y amor incondicional.

Deja que tu creatividad salga a flote

El paisa que vendía arepas en Estados Unidos

Hace algunos años, al terminar una conferencia que dicté en el Consulado de Miami con motivo de la celebración del 20 de Julio, se me acercó un personaje que cada vez que pienso en imaginación, creatividad y persistencia su recuerdo regresa vívidamente a mi mente.

Aquel hombre paisa, de unos 55 años, llevaba puesto un poncho, un sombrero y un carriel de un tamaño monumental lo cual llamó no solo mi atención, sino la de todos los asistentes a aquella celebración e hizo que él se convirtiera en el personaje central. Me saludó con gran alegría y mirándome a los ojos fijamente y sonriendo me dijo: "—Papá Jaime, yo le quiero obsequiar a usted unas muestras gratis de un producto paisa fabuloso hecho en casa y con material exclusivamente importado, que todos los colombianos que viven en Estados

Unidos añoran y ansían saborear. Abrió su estrambótico y gigantesco carriel y sacó unas arepas empacadas en una bolsa de plástico, en la cual lo que más resaltaba era el número del teléfono donde se podían conseguir. La bolsa también tenía una frase en inglés y español que decía: «*Delivery free anytime, anyplace*» o «Entrega a domicilio gratis las 24 horas a cualquier lugar». Al entregarme las arepas me dijo: —Pruébelas. Sé que le van a gustar mucho y yo se las puedo llevar a donde usted vive. Yo le contesté que vivía tan lejos de allí que aunque llenara el carriel de arepas, le costaría más la gasolina para poder desplazarse hasta allá. Él, muy sonriente seguro de sí mismo, me respondió: —Ave María pues, Papá Jaime, ¿usted cree que un paisa se va a varar en medio de toda esta tecnología? Lo que yo prometo lo cumplo. Para mí lo más importante es el servicio personalizado a mis clientes ya que gracias a ellos puedo disfrutar de las comodidades que me da este país. Deme su teléfono y yo lo llamaré.

Hacía tanto que no comía unas arepas como esas que salí feliz y con ganas de llegar cuanto antes a calentarlas. Abrí el paquete y me llamó la atención que cada arepa estaba separada de la otra con un papelito de celofán para que no se pegaran al congelarlas. Esa noche nos comimos todas las deliciosas arepas. Al día siguiente, la primera llamada que entró fue la de él preguntándome cómo me había parecido la arepita del desayuno y si quería ordenar algunos paquetes.

Yo me puse a hacer cuentas y tenía que comprarle muchos paquetes para que fuera rentable para él la ida hasta mi casa, así que decidí encargarle arepas para dos meses. Al día siguiente, llegó con las arepas y me preguntó si conocía más colombianos en esa área o si sabía de alguien en un supermercado que se interesara por sus arepas. Le di algunos teléfonos y direcciones de dos supermercados y él se fue rápidamente, muy agradecido.

Cada vez que le hacía pedidos me contaba que había visitado varios supermercados de cadena en diferentes ciudades y siempre le decían que la arepa no era un producto que tuviera acogida por los americanos y que no les interesaba tenerla entre sus mercancías. Miles de veces le dijeron que no.

Pasaron los años y perdí contacto con él. Un día entré a Publix (una cadena de supermercados estadounidenses muy grande), y con gran sorpresa y admiración vi sus arepas exhibidas al lado de las pizzas y los tacos mexicanos. Cogí unos cuantos paquetes de arepas e inmediatamente lo llamé. Él se alegró mucho al escucharme y me dijo: —Como decimos en Antioquia: la constancia vence lo que la dicha no alcanza, y me contó que estaba distribuyendo las arepas no solo en la Florida, sino también en varios estados de Estados Unidos.

A la mayoría de personas les da miedo ser creativas, ya que consideran que no tienen la capacidad para eso y ante cualquier obstáculo o rechazo dejan de lado sus sueños.

Lo que muchas de ellas no saben es que el cerebro tiene dos hemisferios: el derecho, que es el que funciona cuando nacemos, es el de la creatividad, la música, la poesía, el amor y la aventura, y el izquierdo, que es el no-creativo, el racional, el lógico y el matemático.

Si nos detenemos a observar a un niño, nos daremos cuenta de que él siempre está inventando y experimentando (su hemisferio derecho está desarrollado), pero nosotros con nuestro afán de «educarlo», vamos enjaulándolo en lo que consideramos que es lo correcto y lo verdadero. Es en ese momento cuando los niños comienzan a perder la capacidad creativa y van entrando a formar parte de «la sociedad», en la que es importante comportarse de manera correcta de acuerdo con ciertas normas y rótulos que son «importantes» para desarrollarnos como seres humanos (su hemisferio izquierdo empieza a predominar).

Para dejar que nuestra capacidad creativa salga a flote y ponerle alas a la imaginación y tren de aterrizaje a los sueños, debemos salir de la trampa en la que hemos caído y volver a ser como cuando éramos niños, sin perder nuestra capacidad de asombro y admiración, y mirar las cosas no con mente de experto que cree saberlo todo, sino con mente de aprendiz, la cual es audaz, abierta, flexible, contemplativa y utiliza todos los mecanismos que tiene a su disposición.

Escucha tu corazón para encontrar el camino de la libertad

El joven que iba a ser sicario

Hace algunos años, en la época en que la guerrilla hacía retenes frecuentes en las carreteras de Colombia, iba yo de Medellín a Bogotá en mi camioneta y en plena zona de guerrilla la llanta derecha se pinchó. En esos días, por aquella carretera prácticamente no transitaban carros y mucho menos personas. Me bajé del carro y para mi sorpresa el gato de cambiar la llanta se encontraba dañado. Me senté a pensar qué iba a hacer, cuando vi a un muchacho que venía caminando y se fue acercando a mi carro. Era un joven de unos 22 años, vestía ropa muy sucia y se notaba que llevaba muchos días sin bañarse. Se me acercó y me preguntó si necesitaba ayuda. Le comenté lo que sucedía con la llanta y me dijo que no veía ningún problema, que él la podía arreglar. Cogió unas piedras que había en el camino, subió el gato sobre ellas y con una palanca

que se inventó, subió el carro para poder cambiar la llanta. En diez minutos había terminado y me dijo:
—Listo, ya se puede ir, ya terminé. Yo no podía creerlo: a ese ser desaliñado que se encontraba frente a mí, en ese momento lo vi como un ángel, ya que había aparecido prácticamente de la nada para ayudarme. Le di un dinero y le pregunté a dónde se dirigía, a lo que me contestó que para cualquier lugar, que no tenía destino fijo. Me despedí de él, encendí mi carro y seguí mi camino hacia Bogotá. Durante cinco minutos seguidos estuve pensando que había dejado tirado en esa zona peligrosa a ese ser tan lindo que me había ayudado, por lo que decidí dar vuelta atrás y recogerlo. Le di un overol limpio que tenía dentro de mi carro, para que se quitara esa ropa maloliente que llevaba puesta, y se subió al carro. Le dije que me dirigía hacia Bogotá, a lo que me respondió que le parecía perfecto. Nos fuimos hablando todo el camino sin parar, sin saber que la historia que él me iba a contar me iba a impactar profundamente y a enseñarme muchas cosas sobre el porqué de ciertos actos sin sentido que cometen las personas.

Él era un muchacho que vivía en una de las peores y más paupérrimas comunas de Medellín, donde el hambre y la miseria se encuentran en cada esquina. Siempre se había caracterizado por ser un muchacho sano, lo que consideraba algo muy difícil en un sitio como ese, donde la droga, los hurtos, los atracos, las violaciones y los asesinatos eran el pan de cada día. Siempre veía cómo rebuscarse la comida para él y para su mamá. Lo que él no sabía era que un grupo de sicarios le había puesto los ojos encima para reclutarlo y convertirlo en parte de su equipo, por lo que un día al salir de una panadería se le acercaron unos hombres y le preguntaron si necesitaba dinero. Él respondió que sí. Ellos le dijeron que sabían de una manera de ganar mucho dinero, y que si estaba interesado, en cinco días volviera al mismo sitio para irse con ellos. Este muchacho, después de pensarlo mucho, tomó la decisión de irse con ellos para buscar «mejores» horizontes.

Lo llevaron a un sitio dentro de la misma comuna, donde los sicarios tenían un centro de entrenamiento para la muerte. Lo entrenaron en el manejo de todo tipo de armas durante algunos meses, pero la prueba final para poder entrar al grupo y comenzar con sus labores era matar a una persona cualquiera, como muestra de su lealtad y compromiso con la causa. Salió con su gente a un parque y el jefe le señaló a una viejita que estaba sentada en una banca. Le dijo que la anciana siempre iba a ese parque y se sentaba allí durante varias horas, y que él debía regresar al día siguiente para matarla. Aquella noche, me contó él, fue un infierno, ya que tenía que tomar una decisión sobre lo que iba a hacer al día siguiente. Muerto de miedo decidió escapar metiéndose por entre los tubos del acueducto. Sentía una gran cobardía por no poder matar a esa viejita, por lo que se iba a meter en un problema terrible con sus jefes, que probablemente lo iban a matar. Cuando yo lo recogí, venía huyendo; había pasado toda la noche corriendo y tratando de escaparse.

Lo que más me impresiona de esta historia es la confusión en que este muchacho se encontraba debido a sus creencias. Él huyó porque su corazón le gritó fuertemente que no matara a esa viejita, pero él creía que había sido muy cobarde por no haber sido capaz de asesinarla. Me tomó el resto del camino explicarle que la decisión que él había tomado era la mejor y que no se debía sentir un cobarde, sino un héroe que había valorado la vida y el amor.

Casi todas nuestras acciones provienen del miedo, razón por la cual en lugar de actuar tranquila y conscientemente, la mayoría de las veces reaccionamos de manera sorpresiva sin darnos cuenta realmente de la magnitud de las cosas que estamos haciendo. En estados de inconsciencia es cuando los seres humanos cometen los actos más atroces.

Muchas veces, cuando las personas se ven acorraladas es cuando pueden analizar con cabeza fría lo que sucede en sus mundos y entienden que por ansias de dinero o por buscar prestigio, fama y reputación hacen cosas que van en contra del corazón. Para algunos de ellos ya es demasiado tarde dar vuelta atrás, pues han realizado actos por los que tienen que pagar con sus propias vidas; pero en cambio, existen otras personas, como este muchacho, que a pesar de la confusión en que se encuentran, por un instante escogen escuchar su corazón y retoman el camino que los llevará a la libertad.

Por eso, a todas las personas que tienen que tomar alguna decisión difícil en sus vidas, siempre les digo que hagan un alto en el camino y observen con los ojos del corazón conscientemente, no con los de la mente, la situación por la que están pasando, y así podrán tomar una decisión adecuada. Cuando decides en contra de tu corazón, siempre te vas a estrellar y vas a sufrir.

Analiza y cuestiona todas tus creencias

La mujer que estaba pagando una promesa

Hace algún tiempo, cuando venía descendiendo de Monserrate al amanecer, después de mi meditación diaria, me sorprendí al ver en el pasto huellas recientes de sangre que se mezclaban con el rocío. Aquel color rojo encendido llamó fuertemente mi atención, ya que contrastaba con las gotas puras y transparentes del rocío. Inmediatamente pensé que habían atracado a alguien, por lo que decidí seguir las huellas, las cuales me llevaron a ascender nuevamente la montaña.

Mis ojos no podían creer lo que estaban viendo: a la orilla del camino me encontré cara a cara con una mujer que se estaba flagelando y torturando y se arrastraba descalza con un rosario ensangrentado en sus manos, tratando de cumplir una promesa que le había hecho a Dios porque había sanado a su pequeña hija de un cáncer muy grave.

Me quedé compartiendo un tiempo con ella, escuchando y tratando de entender lo que miles de seres humanos han dado por un dogma de fe y creen que es verdad. Ella actuaba guiada por lo que durante toda su vida le habían dicho acerca de Dios en su familia, en su religión, en su grupo social. Ella creía que el hecho de sufrir y flagelarse la acercaban más a Dios y eran la única forma de agradecerle a Él lo que estaba realizando por su vida.

Este testimonio, que es solamente una muestra de las múltiples razones que nos mueven a actuar, es un ejemplo típico de lo que el hombre es capaz de hacer cuando se vuelve fanático religioso. Cuando se fanatiza acerca de Dios se narcotiza, ya que llega a realizar las crueldades y locuras más grandes al defender un concepto que considera «verdad», y cree que así está cumpliendo la «voluntad de Dios». Ellos creen tener no solamente la verdad, sino el poder para criticar, juzgar y castigar a quienes no viven de la misma forma en que ellos viven.

No sé que conceptos están rigiendo tu vida en tu presente, pero quiero hacerte la siguiente pregunta: ¿Alguna vez te has detenido a pensar con consciencia si lo que estás haciendo y crees que está bien hecho, en realidad lo está? Si no lo has hecho, tómate un tiempo y reflexiona, porque a lo mejor tu vida ha sido una farsa; te has colocado una máscara social con la cual andas de un lado para otro, actúas y sigues a la gente como si no tuvieras cerebro propio sino el más sofisticado microchip de computador, programado para imitar modelos de comportamiento y lograr el reconocimiento de Dios y de los demás. Entonces: ¿Cómo puedes saber si realmente estás actuando correctamente? Te pregunto: ¿Quién es tu guía? ¿Será la sociedad, la religión, tu grupo social, tu familia, un grupo político? Solo quiero hacerte una pregunta: ¿Quiénes crees que crucificaron a Jesús? ¿Los hombres malos? Aquellos, tanto tú como tu religión, que hoy afirman que eran los malos, en aquella época eran los hombres que tenían más poder, prestigio, cultura y reputación. En resumen, eran los buenos. ¿Ves cómo caemos de fácil en la inconsciencia y actuamos sin pensar, guiados por principios políticos, religiosos o sociales que nos manipulan en el miedo y la culpabilidad para lograr sus propios intereses?

La mayoría de las creencias son imposiciones intelectuales basadas en el miedo, creadas generalmente por nuestra cultura y religión para manipularnos y tenernos controlados. Algunas de esas creencias nos inspiran y nos motivan a disfrutar la vida, pero las que nos desmotivan, nos limitan o nos hacen sufrir son las creencias que debemos identificar para poderlos reemplazar y liberarnos de esas ataduras que nos causan sufrimiento. Y recuerda siempre que por el hecho de que sean creencias, no significan que sean verdad.

Hasta dónde nos pueden llevar la inconsciencia y el miedo

La niña sin brazo

Esto que quiero compartir contigo hoy, me sucedió hace unas pocas semanas al terminar mi segmento diario en el programa de televisión *Muy buenos días*.

Karen, una niña de escasos tres años y medio, llena de ternura y amor, fue víctima de la ira y la falta de tolerancia de su padrastro, quien debido al apego afectivo que lo unía a su esposa se puso furioso al ver que ella no hacía las cosas como él quería que las hiciera, y la mató a machetazos. Como si fuera poco le amputó la mano izquierda a la pequeña niña y en el brazo derecho le provocó tres heridas graves que le afectaron la coordinación motriz. Karen cayó desmayada y el hombre creyó que también la había matado y escapó dejando a esta niña con el dolor de perder a su madre y presenciar cómo ella se desangraba y moría pidiéndole insistentemente un vaso de agua.

La niña quedó tan marcada con este acto cruel, que cuando estábamos en Cirec —fundación que ha contribuido con mucho amor en la rehabilitación de sus manos— yo le dije que en lugar de tomar refresco se tomara un vaso de agua para los exámenes que le iban a hacer, y ella me respondió: —Agüita para qué. A mi mamá era la que quería y ya se murió.

Cuando nos dejamos llevar por la ira, la rabia y el rencor desenfrenado, terminamos haciendo cosas que nunca quisimos hacer, y cuando esa emoción pasa, con gran tristeza, remordimiento o culpabilidad queremos cambiar los hechos, pero ya es demasiado tarde para hacerlo.

Si tú estás sufriendo es porque estás dormido, estás inconsciente, y así como un pequeño rayo de luz al entrar en la oscuridad hace que esta desaparezca, así debes pensar antes de actuar y escuchar la voz de tu corazón, que es tu consciencia, que te iluminará para salir de esa situación en la que hoy te encuentras debido a tus apegos.

Por eso, debemos evaluarnos y mirar realmente cómo son nuestros sistemas de creencias, porque el hecho de que sean creencias no significa que sean verdad. Pero si estas ideas que tenemos nos causan celos, rencor, rabia, resentimiento, estrés o miedo, es una señal de nuestro corazón de que tenemos que hacer un cambio inmediato. De lo contrario no vamos a disfrutar la vida sino que esta será una existencia llena de sufrimiento y tristeza, que puede terminar en hechos dolorosos no solo para nosotros, sino para los demás.

Alas a la imaginación y tren de aterrizaje a los sueños

El Niño Dios sí existe

Fabio Aristizábal, un voluntario que subió con nosotros a un barrio marginado de Bogotá hace algunos años, nunca imaginó que lo que estaba por vivir le cambiaría para siempre su percepción de la vida. Él llegó lleno de expectativas, en compañía de su hijo de diez años, a compartir esa tarde con una familia que vivía en un tugurio miserable de latas y cartón. Mientras le pintaban a esa familia su casita de color naranja y fucsia, una de las niñas que vivían en ese hogar le preguntó a Fabio:
—¿Usted cree que el Niño Dios existe?. Él contestó:
—Claro que sí existe. La niña entonces le replicó: —¿Por qué si el Niño Dios existe, no llega a este barrio?. Ante esta pregunta, él quedó mudo y lo único que se le ocurrió fue decirle que le escribiera una carta al Niño Dios, pidiéndole lo que ella quería, y que él se la entregaría.

Unos días más tarde regresó al barrio a recoger la carta de la niña y la sorpresa que se llevó fue grande, pues cuando llegó había más de cien niños, cada uno con una carta dirigida al Niño Dios. Fabio, al ver esta escena, desconcertado recogió todas las cartas y les dijo a todos los niños que el Niño Dios llegaría, que no se preocuparan.

Inmediatamente me llamó para contarme lo que había sucedido, por lo que le dije que llamara a todos sus amigos y familiares a contarles la historia, para ver si le podían ayudar con los regalos. Así fue como repartió todas las cartas de los niños y logró conseguir, además del regalo para cada niño, una bicicleta para cada familia. El 20 de diciembre, todos felices, subimos a repartirles los regalos a aquellos niños, para quienes el Niño Dios sí existió ese año.

Además, él les había prometido a los cinco niños que vivían con la familia a la que él le había pintado la casita que el siguiente fin de semana los llevaría a cine. Lo que él nunca imaginó fue que al llegar a recogerlos, estos niños estuvieran nuevamente acompañados de por lo menos cien más. Cuando él los vio quedó aterrado, pero rápidamente pensó en una estrategia, y en menos de una hora había conseguido el transporte para llevarlos a Cinemark de La Floresta. La persona que atendía en la taquilla al ver la felicidad, el alboroto y la gritería de todos esos niños, le preguntó a Fabio quién era él y de dónde venían esos niños. Cuando Fabio le contó la historia, le dijo emocionada que esperara un momento, que iba a hablar con su jefe, quien tenía mucho corazón. El jefe no solo autorizó la entrada gratis a cine de todos los niños, sino que además les obsequió perros calientes con papas y Coca-Cola.

Después de esta experiencia, Fabio entendió que todo se orquesta dentro de un plan divino, ya que cuando actuamos con consciencia y sin expectativas, simplemente por el placer de dar a los demás lo mejor que está en nuestro corazón, todo llega como por arte de magia y vibramos con tanta emoción, gozo y dicha pura, que nuestro espíritu se libera y vuela bien alto.

Utiliza el poder más grande que tienes, que es el de la creatividad y la imaginación, para que a través de la acción puedas llegar al corazón de tantos seres que hoy están necesitando de una mano amiga, y así hacer en ti la diferencia y el cambio que quieres ver en el mundo.

Aprende a disfrutar
lo que la vida te da

La gargantilla de diamantes

Hace algún tiempo me encontré con una amiga que muy orgullosa me mostró una hermosa gargantilla de diamantes, y muy confidencialmente me dijo que esa gargantilla era una copia de la original, que tenía guardada en una cajilla de seguridad en su casa, ya que era una joya muy costosa y temía que se la robaran. Esto me causó mucha curiosidad, y recuerdo que bromeé mucho con ella acerca de este tema. Algunos meses después me llamó totalmente angustiada y deprimida a contarme que el día anterior se habían entrado los ladrones a su casa y le habían robado todas las joyas que había coleccionado durante años y que tenía guardadas cuidadosamente en la cajilla de seguridad, incluida aquella gargantilla original de diamantes. Me dijo que no sabía qué hacer, que eso había sido un golpe muy duro para ella, que era la herencia que iba a dejarles a sus hijos y que no sabía cómo iba a recuperarse de eso.

¿Qué sentido tiene comprar algo que no vas a utilizar sino de manera muy esporádica y que además diariamente le va a agregar un alto potencial de estrés y angustia a tu vida por miedo a perderlo?

Por eso, desde hoy ten consciencia del momento presente. Si estás viviendo en una mansión, disfrútala, pero si no la tienes y estás viviendo en una humilde pieza, también disfrútala y te darás cuenta de que en ese instante la pieza se convertirá en una mansión. Disfruta allí donde estás, no trates de poseer nada; es más, nada te pertenece, ya que has venido al mundo con las manos vacías y así mismo te irás de él.

La vida es una oportunidad que tienes para disfrutar con consciencia cada momento, cada instante, así consideres que muchos de ellos son desagradables o malos. Si observas bien, verás que detrás de esa experiencia negativa siempre habrá una gran lección de vida y una oportunidad para aprender a liberarse. Con los años, te darás cuenta de que lo más importante de la vida es disfrutar lo que te llega y dejar que las cosas fluyan libremente, en lugar de tratar de controlar obsesivamente a los demás y todo aquello que está en tu exterior, que no depende de ti y que no puedes cambiar. Si logras entender que el pasado ya pasó, que es una experiencia más en tu vida y que el futuro es una ilusión que no existe dentro de tu presente, aquí y ahora, podrás desenmascarar el miedo que está camuflado sutilmente en esa ilusión, que es la que te hace sufrir y te saca de tu realidad. Existen cientos de miedos al futuro: voy a perder mi trabajo, voy a perder mi dinero, me van a atracar, me voy a envejecer, nadie me va a querer, me voy a quedar solo, o simplemente miedo a la muerte. ¿Y tú has identificado ya tus miedos?

Si hoy entiendes que el amor es esa chispa divina, esa energía que está en tu corazón, que nadie te la puede quitar y que te mueve a actuar y a dar lo mejor que está en ti, podrás encontrar lo fácil que es amar y disfrutar la vida en libertad, sin angustiarte por lo que tienes, por lo que puedas perder o por lo que perdiste. Es simplemente estar observándote a ti mismo, alerta y consciente.

Por eso, cuando tengas algo, gózalo, disfrútalo, pero cuando no lo tengas, disfruta de no tenerlo eso también tiene su propia belleza.

Amar al otro tal cual es

La madre que lleva una montaña
sobre sus hombros

Luz, la madre de una niña que nació sin la mitad de su rostro, llevaba dos años sufriendo al ver el estado en el que se encontraba su pequeña hija. Después de llevar mucho tiempo pidiendo ayuda en todos lados y al ver que nadie les tendía la mano, acudió a mí con la esperanza de que yo pudiera ayudarle a resolver su situación.

Lo primero que percibí en ella fue el inmenso dolor que cargaba sobre sus hombros y que estaba consumiéndola poco a poco. Yo le conté la siguiente historia: Un explorador iba subiendo una montaña, cargando un morral lleno de provisiones para su viaje, y cuando estaba llegando a la cima se encontró con una frágil mujer sudorosa y cansada que cargaba en sus hombros a una niña. El explorador al verla la saludó y le dijo: —¿Mujer, por qué llevas tanto peso sobre tu espalda?. Ella le contestó: —Lo que llevo sobre mi espalda, por si usted no se ha dado cuenta, no es un peso; es mi hija que está enferma y no puede caminar. En cambio lo que usted lleva sobre su espalda sí es un verdadero peso.

Le dije entonces a Luz: —Tú eres igual que la madre de esta historia. Solo el verdadero amor y no el temor, puede hacer que eso que consideras una carga y que te hace sufrir tanto, deje de serlo. Mira las cosas buenas y lindas que tiene tu bebé, no las que no tiene. Aprecia la mirada profunda y dulce con la que te mira por el único ojito y la sonrisa tierna que hace resplandecer todo su rostro. Mira que lo que tú crees que es feo en ella, es parte de su belleza, ya que lo feo hace resaltar lo bello de su rostro. Deja a un lado el miedo y el temor, el mundo es como es y tú no lo puedes cambiar. Solo si aceptas, comprendes y aprendes a amar a tu hija tal como es, encontrarás que no es una carga tan pesada como parece. Deja todo en manos de Dios y verás que las cosas comenzarán a cambiar.

Cuando aprendemos a disfrutar y apreciar las cosas simples que Dios y la vida nos dan, encontramos el poder que está en nuestro interior para convertir cualquier problema en oportunidad, cualquier sufrimiento en una experiencia motivadora de vida, y el miedo se desintegra ante nuestros pies, liberando la fuerza del amor ante nuestros ojos.

Ser parte de la solución y no del problema está en tus manos

La familia que tenía un pozo séptico en su casa

En una de las salidas de la campaña «Brochazos de Amor», con un grupo de personas de la empresa Brightpoint, estábamos pintando un tugurio miserable hecho de cartón, latas y algunas tablas que servían de apoyo para que el viento salvaje que azotaba las paredes no las derrumbara, cuando de repente se acercó a nosotros una niña de unos ocho años, medio desnutrida, con su carita sucia, temblando de frío y con un papel periódico en sus manos untadas de pegante (engrudo). Le preguntamos de dónde venía y nos dijo que de conseguir papel periódico para cubrir las paredes del cuarto donde dormía con sus hermanitos y con el bebé recién nacido. Nos contó que el bebé lloraba todas las noches por el intenso frío que entraba por las grietas de las paredes y que ella tampoco podía dormir por más que se arropara, porque la cobija generalmente estaba mojada debido a las goteras que penetraban por el techo o por las paredes. Esta tarea de forrar el cuarto con papel periódico debía realizarla frecuentemente dependiendo del clima, ya que la lluvia humedecía el papel y lo despegaba. Las personas que estaban allí no podían creer lo que estaban escuchando.

Detrás de Luciana, así se llamaba la niña, venían otros dos niños cargando a un bebé. Tenían las mejillas enconadas e infectadas por el contacto con el agua de un pozo séptico que se encontraba a veinte metros de su hogar. Mary Luz López, una de las voluntarias de «Brochazos de Amor», que estaba con todo su equipo de trabajo, se transfiguró ante la dolorosa imagen de estos pequeños y con el corazón impactado, abandonó el lugar. Sin saberlo nosotros, se dirigió a buscar a la mamá de estos niños. Cuando la encontró y entró en su casa, quedó aún más conmovida, pues la humedad y el olor a estiércol provenientes del pozo séptico convertían el lugar en una cloaca llena de moscas, piojos y pulgas que hacían insoportable la vida de quienes lo habitaban; y como si fuera poco, se acercó a la hoguera donde cocinaban el almuerzo y lo único que vio fue una olla negra, inmunda, llena de agua con papel periódico, panela y sal (eso era lo único que esa familia comería ese día).

Es increíble que para muchas personas de nuestra querida y amada Colombia comer sea un privilegio, y sobrevivir no sea más que la palabra favorita al tratar de llevar diariamente un plato de comida a su mesa, pero para muchas de esas personas que pasan días enteros sin percibir el delicioso aroma de un alimento recién preparado, conseguir un bocado para ellas y sus hijos se vuelve una verdadera e interminable pesadilla. Generalmente, cuando tienen suerte, el desayuno se convierte en almuerzo y cena, pero en ocasiones no hay nada, ni un trozo de pan, ni una tasa de agua de panela, solo aire que llena el estómago por horas, por días... Solo se siente el vacío como un filoso puñal atravesando el cuerpo.

Ese día en que Mary Luz vio a aquella familia, su corazón se arrugó, pero también la impulsó a la acción instantánea y amorosa, y recuerdo que tres meses más tarde me llamó a darme una sorpresa. Dijo que me llevaría a un lugar que me iba a encantar. Me recogió y condujo hacia el sur de la ciudad. Llegamos al barrio Lucero Alto y comenzamos a subir una pequeña montaña. En la mitad del camino había una linda casa que sobresalía de las demás, tenía flores a su alrededor y estaba impecablemente limpia y pintada. Mi sorpresa fue grande al ver que la señora que abrió la puerta era la madre de los niños que meses atrás habíamos conocido en aquel tugurio inmundo y miserable. Ella estaba radiante y su felicidad era inmensa, ya que llevaba viviendo un mes en aquella casita que Mary Luz le había obsequiado. Inmediatamente volteé a mirar a Mary Luz, quien estaba rebosante de alegría, y en sus ojos había un brillo, una chispa que jamás le había visto.

Realmente lo que está destruyendo y acabando nuestro mundo, tanto interior como exterior, es la inconsciencia, y si nosotros despertamos nuestros corazones, unimos una a una nuestras manos y actuamos masivamente para ayudar a las personas que más lo necesitan, la transformación y el cambio que quieres ver, lo verás primero reflejado en ti.

No importa en qué área trabajes si estás en una empresa privada, en el gobierno, en la política, en el sector de la salud, de la educación o de las comunicaciones, ser parte de la solución y no del problema está en tus manos.

Si a partir de hoy eliges actuar conscientemente e inspirar a otros para que den lo mejor que hay en sus corazones a todos aquellos que tanto lo necesitan, podremos empezar a caminar hacia un mundo lleno de amor y hacia una consciencia superior.

La cárcel está en tu mente

Un prisionero pregunta qué es la verdadera libertad

Al finalizar el taller en la cárcel de máxima seguridad de Itagüí se me acercó uno de los presos y me hizo una pregunta que nunca antes me habían hecho: ¿Qué es para usted realmente la libertad? Después de reflexionar un rato, le respondí: —El hecho de que estés en una cárcel, privado de la libertad, no significa que no puedas ser libre. He conocido miles de seres humanos que viviendo por fuera de estas paredes y teniendo prestigio, poder, dinero y reputación, viven encarcelados por una mente fría, rígida, calculadora y dispersa y un corazón agobiado por el dolor, el estrés, el rencor o el sufrimiento.

Inmediatamente recordé la historia de un hombre que vendió todas sus riquezas con el único propósito de lograr la paz interior y liberarse de las cadenas que lo amarraban y no lo dejaban ser feliz. Él se fue a buscar a un maestro, ya que sentía que necesitaba ayuda para poder liberarse de esa esclavitud en la que estaba viviendo. El maestro sonriendo le preguntó:

—Si tú eres esclavo, ¿entonces cómo se llama tu amo?.

—Y él le respondió: —Yo no tengo amo.

El maestro le replicó: —¿Entonces quién te ha encadenado?.

Él le contestó: —Nadie me ha encadenado.

—¿Pero tienes un carcelero? ¿Cómo es su nombre?, insistió el maestro.

El preso le repitió: —Nadie me ha encarcelado.

—Entonces, hijo mío, tú eres libre, lo único que debes hacer es ir y disfrutar de tu libertad. Tú mismo te has encadenado y has decidido vivir así todos estos años, le dijo el maestro sonriendo.

No existe mayor libertad que ser aquello para lo que estamos destinados: cumplir nuestra misión en este mundo, la cual es amar, perdonar, servir y compartir amorosamente, como lo decía Jesús. Esto es lo que realmente le da sentido a la vida.

Cuando te liberes de tratar de satisfacer las expectativas de los demás y aprendas a vivir tu vida de manera espontánea y con consciencia, cuando te ames a ti mismo y compartas ese amor con las demás, podrás disfrutar plenamente de tu libertad.

Solo recuerda que cuando hay libertad sin responsabilidad, esa supuesta libertad se convierte en tu cadena, en tu cárcel y se vuelve libertinaje.

Siempre que juzgas estás equivocado

La mesa de noche de Rosa también es una cama

Hace unos años, mientras realizábamos la campaña de «Sábado servicial, rumba espiritual: Brochazos de Amor» en un barrio del sur de Bogotá, Rosa, una de las voluntarias, decidió regalar un comedor a una de las familias que allí habitaban.

Al cabo de unos meses regresamos, y para sorpresa mía encontré a Rosa con cara de disgusto en la casa de la familia que desde hacía ya algún tiempo venía apadrinando. Le pregunté la razón de su desilusión y me dijo: —Papá Jaime, es el colmo que esta familia haya regalado el comedor que yo le di con tanto esfuerzo y sacrificio.

Yo la invité a reflexionar y a averiguar cuál era la razón de aquel comportamiento, en lugar de molestarse sin sentido. Luego de preguntarle a la madre de aquella familia por qué las sillas y la mesa del comedor ya no estaban en la casa, le respondió: —Yo regalé el comedor a la señora Yeraldina porque ella tiene siete hijos y yo solo tengo dos. Nosotros podemos comer en cualquier espacio, en cambio ellos son más y además pueden utilizar la mesa en la noche como cama.

Así, a partir de aquel día, esta mujer nos dio un hermoso ejemplo de amor desinteresado y de servicio y Rosa, con tristeza, entendió que cada vez que juzga está equivocada y que el verdadero placer en la vida está en dar sin esperar recibir nada a cambio.

La misión que los seres humanos hemos venido a cumplir en la vida es ser felices a través del amor, el perdón y el servicio desinteresado, dejando de lado los sentimientos negativos y todos aquellos condicionamientos que nos llevan a juzgar y a criticar despiadadamente.

Recuerda siempre que cuando señalas a los demás de una manera inquisidora con tu dedo índice, los otros tres dedos están apuntando hacia ti, preguntándote: ¿Y tú cómo eres? La mayoría de las veces que juzgamos, proyectamos nuestros propios miedos, frustraciones, envidias o fracasos.

Tú tienes una paleta de colores para pintar el cielo o el infierno

La mujer tierna que estaba en la cárcel

Creemos que las cárceles están llenas de seres monstruosos, despiadados y sin corazón. Pero quiero contarles que he tenido la oportunidad de trabajar con miles de reclusos de muchas cárceles alrededor del mundo, y lo que más me impresiona de ellos es que la mayoría son seres normales que actuaron inconscientemente en un momento de ira o de ambición y terminaron haciendo cosas que jamás se imaginaron que podían hacer.

Aún recuerdo aquella mujer tierna y dulce que estaba en una cárcel y se acercó a mí después de un taller que les dicté sobre la liberación interior y el perdón, y me dijo: —Papá Jaime, yo no soy una mala mujer. Estoy acá porque actué dejándome llevar por la ira y el miedo, ya que mi marido nos maltrataba frecuentemente tanto a mí como a mis hijas, y llegó un momento en el que ya no aguanté más, y presa del desespero lo asesiné.

Sin importar de qué país seas, ni qué cultura o clase social tengas, ni si eres rico o pobre, joven o viejo, cuando estamos inconscientes podemos fácilmente caer, y nuestra vida, que antes era normal, puede cambiar, convertirse en un infierno, y podemos quedar atrapados en las garras del sufrimiento; y lo peor es que todo esto sucede muchas veces prácticamente sin darnos cuenta. Les ha pasado a miles de personas y les seguirá pasando a miles más mientras no decidamos despertar de nuestra inconsciencia y sigamos tomando decisiones a la loca, sin medir los riesgos y dejando que primen intereses externos basados en el miedo, que no aportan nada a nuestro crecimiento interior, sino que, al contrario, nos quitan la paz interior y la alegría de vivir.

Al igual que un pintor, tú tienes una paleta llena de múltiples colores y puedes pintar el cielo o el infierno, y tienes el libre albedrío para elegir cuál pintas y a cuál entras. Hay gente que inconscientemente prefiere quedarse viviendo en un infierno por miedo a explorar nuevas oportunidades, a innovar, cambiar y actuar con voluntad férrea para salir de la situación.

Recuerda que la vida está llena de oportunidades y que existen muchas opciones para escoger. Siempre tendrás alternativas, y solo depende de ti dejar que se nublen por el miedo, la venganza, la ira o el deseo de poseer más, o escuchar en silencio la voz interior que emana de tu corazón, que es tu guía divina.

Recuperar la esperanza perdida

María deja volar sus sueños

Su nuevo hogar es un regalo que nunca esperó. Después de vivir en un tugurio con paredes de lata y cartón, con la cama compartida por seis personas y con botellas que colgaban del techo para recoger las gotas de lluvia, María supo que la vida de todos sus hijos podría tener un mejor futuro si dejaba volar sus sueños.

Ni siquiera las inclemencias del tiempo, el largo camino para recoger el agua que necesitaba para cocinar papel periódico con agua de panela ni sentir su ropa mojada después de sentarse en el colchón empapado, le impidieron imaginar tener un techo bajo el cual vivir.

En nuestra campaña de «Brochazos de Amor» le fue asignada esta familia a Blanca, una voluntaria que aunque no tenía mucho dinero, sí tenía mucho amor, compromiso y ganas de servir. Desde el mismo instante en que esta casa le fue encomendada, Blanca comenzó a dejar volar su imaginación y creatividad para ver cuál era la mejor manera de ayudarle a esta familia. Lo primero que decidió hacer fue ayudarles a levantar unas nuevas paredes, en lo que anteriormente era un tugurio de lata y cartón, y poco a poco, con el aporte de sus amigos y conocidos fue juntando mano de obra y materiales para construirles un nuevo hogar. Mientras se adelantaba este proceso, también miró detenidamente cuál era la persona líder de esa familia y encontró que la hija adolescente estaba llena de sueños por cumplir y que estudiaba de manera muy responsable para superarse. Blanca decidió ayudarle a pagar una carrera profesional, para que ella, a su vez, ayudara al resto de la familia a salir de esa miseria extrema en la que vivían.

Muchas veces aunque quisiéramos ayudar a los demás, no sabemos cómo hacerlo y buscamos miles de disculpas para no dar el paso hacia la acción, y no nos damos cuenta de que la vida día a día nos pone en nuestro camino a miles de personas a quienes podríamos ayudar. Podemos mirar incluso dentro de nuestra propia familia; muchas veces hay allegados que necesitan una ayuda y no nos hemos dado cuenta.

Cada vez encuentro más personas que me preguntan: ¿Cómo puedo ayudar? Yo simplemente les respondo con otra pregunta: ¿Quieres realmente ser parte de la solución? ¿Qué estás dispuesto a hacer? ¿Cuál es tu nivel de compromiso? Muchos de nosotros tenemos una actitud mental de servicio, pero realmente no hemos despertado la consciencia para que sea la voz de nuestro corazón la que nos guíe y nos inspire a actuar instantáneamente, sin esperar recibir nada a cambio.

Aprovecha las oportunidades
que tienes para ayudar

El cuarto de San Alejo

En una ocasión, antes de dar inicio a mi sección diaria
Semillas para el espíritu, del programa *Muy buenos días*, me
dijo Jota Mario, el presentador: —Papá Jaime, hay una
niña discapacitada que vive con su tía en un tugurio, en
condiciones infrahumanas y necesita una silla de ruedas.
Ese día conté el caso de esta niña y hablé de la importancia del servicio amoroso y de dar sin esperar recibir
nada a cambio. Recuerdo haber dicho enfáticamente
que aquellas cosas que no hemos utilizado en el último
año ya no son propias y por lo tanto debemos dárselas
a alguien que las necesite. Expliqué con claridad que los
cuartos de San Alejo, donde se guardan cobijas, herramientas, cuadros y bicicletas, no deberían existir.

Al final de mi sección llamaron muchas personas que
también necesitaban silla de ruedas, y solo una señora
ofreció una silla que podía pasar a recoger. Le dije que sería

una buena idea que ella fuera con la silla al estudio de televisión para que juntos se la entregáramos a la niña, que vivía en el sur de Bogotá. La señora me respondió que confiaba en mí, que no había problema en que recogieran la silla, y yo le comenté que no era cuestión de confianza sino de sentir la satisfacción de entregarla personalmente: —Yo quiero que usted me acompañe y experimente el placer tan grande que es dar, y la felicidad que se siente al servir. Usted no tiene ni la menor idea de lo rico que es experimentarlo. Le expliqué entonces que una cosa es conocer a fondo una manzana, su textura, su color y su forma, y otra meterle un buen mordisco y experimentar su sabor. Después de esto ella accedió y nos fuimos al Cerro del Ahorcado, en Ciudad Bolívar, al que algunas veces la gente sube para colgarse de un árbol debido a la desesperación.

El alcantarillado iba por fuera y rodaba por un canal enclavado en la pendiente. Al sentir el frío y la podredumbre del ambiente, la señora quiso devolverse, pero finalmente llegamos al cuarto oscuro y denso donde se encontraba aquella criatura de doce años. Según nos contaron, los senos incipientes de la niña estaban totalmente deformados por los callos y las llagas, pues llevaba gran parte de su vida arrastrándose por el piso, como si fuese una culebra. Al levantarla de la cama sentí un olor peor que el de las alcantarillas. Entonces la sentamos en la silla de ruedas y fuimos a dar una vuelta. En cuanto la niña salió a la luz del sol y vio la montaña, empezó a dar unas risotadas exageradas. Por un momento creí que era discapacitada mental, pero lo que sucedía realmente era que nunca había salido a dar un paseo y en pleno año 2003 no había visto un bus. Continuamos nuestro paseo hasta llegar a una esquina donde nos dijeron que preparaban un asado muy rico y decidimos probar. Mientras comíamos, la señora lloraba y lloraba. Le pregunté entonces por qué lloraba tanto y me respondió: —Papá Jaime, usted no tiene la menor idea del motivo por el que estoy llorando. Le dije que en efecto ella debía sentirse feliz al hacer tan buena obra por aquella niña. Y entonces me miró y me dijo con la voz entrecortada: —Lloro, Papá Jaime, porque tuve esta silla de ruedas en el garaje de mi casa por más de ocho años. Lloro de pensar que esta niña se arrastró como una culebra durante todos estos años, mientras esa silla se oxidaba y dañaba por falta de uso. Ella nunca pudo dar un paseo como el que está dando ahora. Lloro por las oportunidades que tuve para ayudar a otros y por no haber hecho nada.

En ese afán incesante por poseer y acumular cosas, creamos en nuestros hogares un sitio húmedo y desagradable para depositar allí todo lo que no utilizamos ni necesitamos, pensando egoístamente en el día en que se pueda volver a usar. De esta manera perdemos la oportunidad de ayudar a un ser humano, que puede necesitar desesperadamente las cosas que en ese lugar no se usan y deterioran. Revisemos lo que hay guardado en ese cuarto frío y oscuro, para que lo demos a quien lo necesite, para que cuando pase el tiempo y se acerquen nuestros últimos días, no nos arrepintamos de lo que hemos dejado de hacer.

Lo que has guardado para ti, al morir tienes que dejarlo allí, no te lo puedes llevar; mientras que lo que has dado a los demás, cuando partas a la eternidad, lo llevarás contigo y además te hará inmortal, ya que siempre te recordarán por las cosas que has hecho, dado y compartido.

La calle enseña

Lecciones de vida aprendidas en las calles.

Si recorremos las calles de nuestras principales ciudades, siempre encontraremos personajes únicos y auténticos, muchos de los cuales viven en condiciones infrahumanas en las que la droga, el abandono, la depresión y la angustia son el pan de cada día. Otros encuentran en la calle la única manera de sobrevivir y conseguir el alimento diario para sus familias y la mayoría de las veces son juzgados, etiquetados y rechazados por la sociedad, víctimas de nuestra inconsciencia social.

En la calle encontramos personas de todas las edades, sexos, culturas y razas, y sin importar quiénes son, cómo son o cómo tú crees y percibes erróneamente que son, en sus vivencias encontraremos grandes enseñanzas que nos ayudarán a reflexionar acerca de nuestras vidas. Ellos también nos permitirán agradecerle a Dios por todas las cosas que nos ha dado y nos ayudarán a no perder tanto tiempo reprochando lo que no tenemos o preocupándonos por lo que podríamos perder.

Por eso, la próxima vez que te encuentres en uno de estos escenarios, en vez de juzgar y despreciar a estas personas, te invito a que las escuches y las mires con amor y les des tu mejor sonrisa, tu mano amiga, tu voz de aliento o un *pedazo de pan, lo mejor de ti sin esperar recibir nada a cambio. Recuerda que nosotros nos podemos convertir en el milagro viviente de ellos, dejando de ser simplemente espectadores para ser inspiradores, al formar parte activa de la solución y no del problema.*

Recuerda que cuando aprendemos a escuchar a los demás, descendemos al corazón de ese ser humano y lo podemos motivar para que cambie o al menos para que salga de las sombras y vea la luz.

En nuestro interior está la fuerza para cambiar las situaciones adversas

El conductor de alta gerencia

«Retazos» llegó a la calle por las mismas razones que muchos niños o adolescentes lo hacen: por un lado, sus padres no lo escuchaban, lo despreciaban, lo ignoraban y lo maltrataban, y por otro, en su colegio tenía un maestro asesino de sueños que siempre le decía que era bruto, tímido y un bueno para nada, palabras que se grabaron en su inconsciente por mucho tiempo. Esto hizo que muchos de sus compañeros y algunos profesores se burlaran constantemente de él, hasta que no aguantó más la presión del grupo y decidió buscar otros caminos. Abandonó sus estudios, empezó a andar por el barrio acompañado de malas amistades y comenzó su vida callejera. Un día decidió dejar definitivamente su hogar porque no soportó más el abuso y los golpes que le daban.

Al llegar a la calle pensó con ilusión que todo iba a estar mucho mejor. Creía que allí iba a tener libertad, que no lo iban a maltratar y que se podría quedar con su grupo de amigos. Lo que nunca se imaginó fue que en la calle iba a recibir muchísimos más maltratos y golpes de los que había recibido en su casa y en el colegio. Fue tal el abuso, que empezó a sacar ese rencor que cada día crecía más en su corazón y también el miedo que sentía, y esto lo convirtió en un maltratador y atracador despiadado. Para comer tenía que robar, y para robar se tenía que drogar. Drogado hizo cosas que nunca quiso hacer, por lo que fue apuñalado en muchas ocasiones en todo el cuerpo, especialmente en la cara, razón por la cual los niños de la calle le pusieron el apodo de «Retazos», y fue perseguido por la justicia en varias ocasiones.

Cuando encontré a «Retazos» en la calle, hace más o menos tres décadas, él tenía unos once años y se encontraba en una alcantarilla en medio de ratas y excrementos humanos, totalmente esquelético, desnutrido y con el rostro desfigurado. Se veía y se sentía el inmenso dolor en su cuerpo y en su corazón, no solo por las cicatrices de las armas blancas con las que había sido atacado en varias ocasiones, sino por las heridas y las cicatrices que tenía en su pequeño corazón.

Ese día lo invité a un puesto callejero de comidas rápidas a comernos unos perros calientes, los cuales devoró en un instante. Desde ese momento pude percibir en él la grandeza que tenía en su espíritu, que estaba totalmente escondida debido al miedo que lo acechaba continuamente, al apego que tenía por la droga y a que siempre buscaba impresionar y asustar a los demás para evitar sus ataques.

Esa noche le hice la pregunta que siempre le hago a cualquier niño de la calle cuando me encuentro con él: «¿Cuál es tu sueño?». Luego me senté a escucharlo con atención. La única forma de descender al corazón de un ser humano es escuchándolo amorosamente, con mucha paciencia, sin enjuiciar, ni criticar, ni cuestionar. Por eso la pregunta que le hacía a medida que él me iba contando su historia era: «¿Por qué?» Fue así como me empezó a describir su vida que parecía sacada de un libro de terror.

Siempre he pensado que no hay nadie malo, pues todos en el corazón tenemos una chispa divina que es ese Dios que siempre nos acompaña; chispa que estuve buscando detenidamente en él mientras hablábamos. Ese momento fue muy especial; aún recuerdo que como por arte de magia sus ojos, que estaban arrugados, turbios, sin vida, y su ceño fruncido, se transformaron y apareció una gran sonrisa, brotó una chispa de alegría y bondad en sus ojos y sentí inmediatamente la necesidad de ayudarlo, de darle una oportunidad, porque la voz de mi corazón me dijo que ese muchacho iba a salir de allí. Esa misma noche me lo llevé lleno de alegría y con una inmensa ilusión para una de las sedes de la Fundación.

Después de algunos meses de acoplarse a esta nueva vida y de entrar y salir varias veces de la Fundación, finalmente empezó un nuevo ciclo para él. Durante el tiempo que permaneció allí comenzó a desarrollar cualidades como la gratitud, el aprecio, y una humildad y dulzura que contrastaban con lo que aparentaba con su cara llena de cortadas.

Finalmente, como yo trabajaba con la petrolera Exxon, le conseguí un puesto en una bodega para que trabajara como obrero ocasional. En el trabajo comenzó a mostrar ese talento natural de servicio incondicional a los demás.

Una de las cosas que lo caracterizaban y que quedó guardada para siempre en mi mente, era que a todos les decía «doctor», sin importar el puesto o posición social que tuvieran. A su jefe siempre le decía: «Doctor, ¿en qué le puedo ayudar?». Esa era su frase favorita. Todo esto hizo que su jefe empezara a sentir un gran cariño por él. Un día le preguntó qué quería hacer en la vida y a dónde quería llegar. En ese momento «Retazos» recordó lo que le había enseñado cuando le decía que les pusiera alas a la imaginación y a la creatividad y tren de aterrizaje a sus sueños, y que siempre los contara sin importar que fueran locos, así los demás se burlaran de él. Siempre decía que quería ser conductor de alta gerencia. Su jefe y sus compañeros, asombrados, le preguntaron: —¿Qué significa ser conductor de alta gerencia?. Él les respondió: —Yo quiero ser el conductor del presidente de la petrolera, porque así voy a estar en lo más alto y voy a compartir con los *duros*.

Cuando el jefe de «Retazos» se enteró que este no sabía manejar, decidió darle un curso gratis. Pasado un tiempo llegó la oportunidad que tanto había esperado. Un día en que el presidente y el gerente de exploración iban con el conductor de la compañía hacia el aeropuerto a recoger a un alto funcionario, el carro se varó. Inmediatamente llamaron a la compañía pidiendo un carro de reemplazo. El único problema era que no tenían un conductor disponible que pudiera llevar hasta allí el otro vehículo. En ese momento alguien dijo en broma: «Pues que vaya «Retazos», que quiere ser conductor de alta gerencia». El encargado pensó que era una buena idea y, debido al afán que tenía, le dijo a «Retazos» que fuera a encontrarse con ellos. «Retazos» estaba radiante de gozo pero también muy nervioso porque sabía lo que significaba esta oportunidad en su vida.

Luego de llevar al presidente al hotel le dijeron que se podía ir y que regresara más tarde para llevarlos a cenar, pero él les dijo que iba a esperar por si necesitaban algo. Finalmente, luego de unas horas, los llevó a cenar y regresaron al hotel bastante tarde. Para su sorpresa, le dijeron que regresara a las 5:30 de la mañana al otro día para recogerlos. Así estuvo todo el día con ellos, siempre atendiéndolos y sirviéndoles con el amor y la alegría que lo caracterizaban. Recuerdo, incluso, que le llevó al presidente unos dulces de café, que tenían la bandera de Colombia en el empaque. El presidente se encariñó rápidamente con «Retazos» y le preguntó cuál era el motivo para tener tantas cicatrices en su cara. Él, con una gran sonrisa en los labios, le contestó que había vivido por muchos años en las alcantarillas hasta que un señor que también era petrolero, y que ayudaba a los niños de la calle, lo había sacado de ese infierno y lo había llevado a vivir a una de las sedes de su Fundación, que se llamaba Niños de los Andes, y le contó toda mi historia.

Fue tanto el impacto y el asombro de la historia que contó «Retazos», que al día siguiente me llamaron y me invitaron a desayunar con el presidente en el Salón Rojo del Hotel Tequendama. Durante algunas horas estuvimos departiendo y para mi gran sorpresa, después del desayuno conseguí el mayor contrato de exploración sísmica que había tenido en todo el tiempo que llevaba trabajando en la industria petrolera.

Hoy, cuando pienso en «Retazos», me pongo a reflexionar y veo con asombro cómo un niño que había vivido en una alcantarilla y al que había ayudado desinteresadamente me consiguió el mejor contrato de mi vida con una compañía petrolera, una de las mejores del mundo.

Sorprendentemente, después de unos años la empresa cerró la exploración en Colombia, nos liquidaron a todos y el único que viajó a Estados Unidos con su jefe fue «Retazos». Allí le ayudaron a financiar la compra de un camioncito con el que inició su propia empresa de carga, la cual se consolidó con el paso del tiempo.

Nos han hecho creer que las personas no pueden cambiar, que si son drogadictas, delincuentes, asesinas o simplemente malas personas, morirán así. Es cierto que cuando una persona está inconsciente y vive condicionada por el miedo, el rencor y la droga puede destruir muchas vidas, incluso la propia, haciendo que el sufrimiento la invada, llevándola a límites inimaginables en los que puede llegar a vivir situaciones atroces. Pero también es cierto que en el interior del ser humano está el poder para cambiar las situaciones más extremas, adversas y complejas, siempre y cuando despierte de su inconsciencia.

La droga se mueve silenciosa en las sombras de la inconsciencia y puede arrastrar y llevarse a ese abismo a nuestros hijos o a cualquiera de nosotros fácilmente. Muchas personas, por buscar un escape o una salida a una situación desesperada, recurren a la droga para distraer el dolor y el sufrimiento; y después la droga, que tiene el poder de quitarles rápidamente la fuerza de voluntad, hace que la oscuridad y la inconsciencia comiencen a reinar en sus vidas, y al perder el control de sus emociones se apegan mucho más al exterior. En ese infructuoso camino de querer ser feliz y de querer tapar ese vacío interior con el bullicio del exterior es cuando más se desgastan emocionalmente las personas.

Solo cuando existe un entendimiento profundo de que el sufrimiento que sentimos es causado por el miedo, es cuando podemos despertar de nuestra inconsciencia y comenzar a descubrir esa llama del amor que está en nuestro interior, y empezar a realizar una transformación profunda de nuestro ser.

Con fe, pasión y amor se pueden enfrentar los retos

Yolanda rompe el círculo del odio

Veo cómo cada vez más familias repiten el círculo vicioso del maltrato y el abuso. En muchos hogares se ve cómo el padre o la madre, o ambos, abusando de la autoridad que creen tener sobre sus hijos, los maltratan mental, emocional o físicamente, solo porque así fueron criados ellos por sus padres o por la figura que representaba la cabeza de la familia (padrastro, madrastra, abuelos o tíos), o simplemente porque viven en la inconsciencia y creen que sus hijos les pertenecen y deben obedecer a sus exigencias, que están basadas en creencias llenas de miedo.

Nos han hecho creer que la educación entra a golpes, cuando lo único que genera la violencia es más violencia. Una ley natural de la física nos demuestra que lo que logremos doblegar con fuerza y violencia, cuando dejamos de aplicarla, aquello que hemos doblegado, al igual que un resorte, se devuelve.

Hoy, al escuchar la historia y el testimonio real de Yolanda, una de las tantas niñas que han llegado a la calle víctimas del maltrato y el abuso infantil, me lleno de esperanza y alegría al ver que ella pudo romper el círculo de odio, abuso, maltrato y desprecio cuando despertó de su inconsciencia, abrió su mente y su corazón, y entendió que sus dos bellas hijas no debían ser criadas a golpes, como le tocó a ella sufrirlo en carne propia, sino que merecían recibir todo su amor y cariño, por lo que decidió alejarse del padre de sus hijas, quien tenía un comportamiento violento y agresivo con ellas.

La elección consciente y la decisión férrea y amorosa con la que Yolanda actuó son un ejemplo vivo para todas las madres que, por miedo a perder su supuesta comodidad o a perder a quien consideran que las ama, se quedan calladas y no actúan cuando los padres, padrastros o familiares maltratan a sus hijos, convirtiéndose así en cómplices silenciosas y despiadadas. Si Yolanda, a quien su propia madre casi asfixia con una almohada cuando estaba indefensa en su cunita a los pocos días de nacida, y que fue salvada por su abuela, pudo cambiar el círculo del maltrato, cualquier madre del mundo puede hacerlo.

Solamente cuando la persona maltratada entiende que los golpes que recibió fueron fruto de la ignorancia y el miedo con el que fue criada y que no le sirven para nada, finalmente perdona, sin olvidar lo que sucedió, recordando sin dolor, sin resentimiento y sin rencor. Así podrá liberarse de la culpa y cambiar el patrón y el círculo vicioso que venía de generación en generación, e iniciar una vida basada en el respeto y el amor.

Las madres tienen en sus manos el poder para cambiar la violencia que hay en sus hogares, lo que podría generar en el mundo una consciencia de paz. Pero para que esto pueda ocurrir, tienen que perdonar lo que sucedió en sus vidas, comprender que lo pasado ya pasó, que es experiencia y sabiduría que les servirá de motivación para no caer en lo mismo, y así enfrentar y vencer el miedo. Cuando comiencen a actuar conscientemente, con voluntad férrea y con fe, pasión y amor podrán enfrentar sus retos y defender sus más preciados tesoros, la paz interior y la familia.

Cuando damos sin condiciones es cuando realmente recibimos

Historia de «Tomaticas»

Hace treinta años tuve una experiencia frustrante y dolorosa que me hizo entender que cuando das a los demás sin condiciones, sin expectativas, es cuando realmente recibes. De lo contrario, lo que vas a recibir es una gran desilusión.

«Tomaticas» era una niña que rescaté de una alcantarilla en Bogotá y rápidamente dejó la droga, se volvió una niña dulce, estudiosa y excelente compañera. Yo me sentía el hombre más feliz del mundo de ver cómo ella había salido de las garras del vicio y se había convertido en una niña ejemplar. Era mi niña bonita, consentida y preferida.

Después de tres años de haber estado en la Fundación Niños de los Andes, conoció al supuesto amor de su vida, que nuevamente la llevó a las drogas, la calle y el mundo de la oscuridad. Al poco tiempo quedó coja por una pelea callejera y su vida se convirtió nuevamente en un infierno.

Duré buscándola mucho tiempo, hasta que un día me la encontré en la Calle del Cartucho en un estado tan lamentable que casi no la reconozco. Quedé totalmente aturdido, no podía creer ni aceptar lo que estaba viendo. Sentí un inmenso dolor, frustración e impotencia al ver que ella insistía tercamente en querer seguir allí a pesar de que le ofrecí que se devolviera conmigo. No entendía cómo era posible que ella prefiriera quedarse en aquel lugar inmundo, y con lágrimas en mis ojos di la vuelta y me marché llevando una profunda tristeza y un gran vacío en mi corazón.

Dar esperando recibir no es dar, es prestar, y cuando prestas tienes un gran riesgo de que no te paguen.

Esta lección de la vida me hizo entender que yo no podía esperar nada de nadie, que la única persona que podía cambiar era ella, si elegía correctamente. Entendí que lo único que yo podía hacer era brindar una mano amiga a quien la quisiera recibir y dar un poquito de luz, amor y paz mientras estuviera a mi lado. Desde ese día no volví a dar esperando recibir ni a tener expectativas ni siquiera de mis propios hijos biológicos, Esteban y Alejandra. Por eso, debemos aprender a dejar todo en las manos de Dios, pero a actuar como si todo dependiera de nosotros.

Una luz al final del túnel

Julián en el mundo de las tinieblas

Julián, alias «El Piojo», a los escasos nueve años de edad vivía en una alcantarilla oscura, pestilente y fría, donde el día y la noche se confundían porque nunca amanecía. Su único sueño era esperar que sus compañeros le trajeran droga para poder soportar la oscuridad y la desesperación en las que vivía. Decidió refugiarse en ese mundo de tinieblas por el miedo de tener que soportar nuevamente el maltrato y el rechazo que recibía en su hogar y en la calle.

Cada vez que lo visitaba, lo invitaba a salir de aquel mundo tenebroso, mostrándole que había una luz al final del túnel, pero él no la quería ver por miedo, apego y temor. Creía que ese sitio era la única opción que tenía, allí aparentemente se sentía cómodo y tranquilo, y no era rechazado ni despreciado por los demás.

Finalmente, un día decidió seguirme y salió de aquella oscuridad. Apenas vio el primer rayo de luz, no le gustó, le molestó, cerró sus ojos y sintió pánico. En ese momento lo único que quería era devolverse a la oscuridad, pero después de un rato comenzó a adaptarse a la luz y empezó a disfrutarla.

Muchas veces tenemos miedo a lo desconocido, al cambio, a lo diferente y preferimos quedarnos en nuestra zona de confort esperando que un golpe de suerte nos saque del hueco. Debemos analizar cuáles son los miedos que permanentemente nos hacen sufrir, nos limitan o no nos dejan vivir la vida a plenitud. Para poder identificar los miedos, debes analizar tus emociones, ya que ellas serán la guía para llegar a la raíz del sufrimiento.

Si sientes que estás viviendo con miedo o si estás sufriendo por una relación que te asfixia, toma hoy la decisión de salir de esa oscuridad, aunque al principio creas que la luz que está afuera te hace daño. Solo date una oportunidad, elige con consciencia y comprenderás que regresar a la oscuridad no tiene sentido.

Cada quien es artífice de su propio destino

Johana despierta a la vida

Las circunstancias en los que nació Johana simplemente no eran las mejores. Un padre maltratador y una pobreza impresionante rondaron su vida desde el mismo momento en que vino a este mundo. Cuando cumplió nueve años, su madre murió de cáncer e inmediatamente ella decidió irse a la calle, ya que se sentía más segura allí que en manos de su «padre».

Siempre estuvo convencida de que la vida que le había sido asignada por Dios era una vida llena de rechazo, maltrato, tristeza y dolor; simplemente era la vida que le había tocado vivir. Por eso, dejó que simplemente el destino actuara y la llevara a donde quisiera, ella entró en una profunda inconsciencia.

Durante diez años, las ratas y los piojos fueron sus compañeros de sueño. Johana dormía en las alcantarillas y pensaba que su vida no podía tener un futuro diferente al de las drogas, la desolación y la angustia. La droga, especialmente el bazuco, se convirtió en su aliado permanente, ya que sentía que con él podía escapar de la crudeza del mundo, para llegar a hermosos paraísos ficticios donde pudiera ser feliz. Sentía que la ansiedad la perseguía cada minuto que pasaba, el temor de andar por la oscuridad sin estar protegida del peligro de ser asesinada por los escuadrones de la muerte era pan de cada día, mientras que el sonido de las balas le recordaban que su vida era miserable ante los ojos de la sociedad consumista, que su vida no valía nada y por eso debía ser eliminada.

En las noches lluviosas, el agua corría rápidamente por el caño que se había convertido en su hogar. Comprendía el peligro de vivir entre aguas negras, turbulentas y malolientes, pero no tenía más escapatoria del mundo exterior, por lo que se acostumbró a dormir así, con frío, mojada, solitaria y rechazada.

Un día, mientras observaba lo mísero de su existencia, recordó lo que yo tanto le decía pero que ella no se había tomado la molestia de escuchar: «Johana, no puedes evitar que el miedo y la tristeza vuelen a tu alrededor, pero sí puedes evitar que construyan con tu cabello sus nidos en tu cabeza. Tienes que despertar, y para poder hacerlo debes usar la meditación, ya que solamente a través de ella te conocerás a ti misma y podrás elegir conscientemente salir de donde estás. Así como los rayos del sol calientan poco a poco tu mundo exterior, la meditación te ilumina y te ayuda a descubrir la belleza que hay en tu mundo interior para poder despertar y conscientemente encontrar la fuerza que necesitas para cambiar tu vida».

Johana, como muchas otras personas que han estado sumidas en la oscuridad, se ha convertido en un ejemplo especial de lo que podemos lograr cuando despertamos. Hoy en día ella es esteticista, se reincorporó a la sociedad y, lo que es más importante, encontró el amor en lo que hace.

Cada uno de nosotros es el artífice de su propio destino. Tenemos el poder en nuestro interior pero no sabemos cómo utilizarlo, debido a que la educación en Occidente se limita a la parte académica y de valores, mas no nos enseñan desde niños a manejar la mente y a despertar la consciencia, como lo hacen en Oriente. Para mí está claro que más que una actitud positiva, lo que debemos hacer para tener un cambio real en nuestras vidas es tomar consciencia. Solamente a través de ella seremos seres auténticos y podremos comenzar a disfrutar realmente la vida. Mientras más consciente te vuelves, menos sufrimiento, miedo, dolor, celos y rencor existirán en tu vida.

He visto a miles de seres humanos cambiar instantáneamente cuando han despertado de su inconsciencia. No existe una regla exacta que nos diga cuándo va a ocurrir el milagro del despertar, pero una vez ocurre y se ve la luz por primera vez, ya la vida nunca será igual.

Vemos el mundo como lo queremos ver

Almuerzo con Amadeo en la alcantarilla

En una de tantas frías noches bogotanas, bajo una lluvia implacable y a la luz de un farol titilante, las sombras de unos muchachos llamaron mi atención. Encima de unos pedazos de cartón y cubiertos con periódicos, Amadeo, Toribio y «Piraña» comían sobrados de una caneca de basura. Al acercarme más, pude ver que ellos degustaban y compartían aquellos sobrados malolientes como si fueran un exquisito manjar. En medio de mi estupor, al observar aquella desgarradora escena tan habitual en las calles de esta ciudad, lo único que se me ocurrió decirles fue que dejaran de comer esa basura y se fueran conmigo a comer algo caliente y rico en la Fundación Niños de los Andes.

Amadeo se levantó, se acercó sonriente, y dándome unas cuantas palmadas en la espalda me dijo: —Papá Jaime, no se preocupe, nosotros estamos bien y además ya estamos listos para ir a dormir a nuestro cambuche en el caño. ¿Mejor sabe qué? Lo invito mañana a almorzar con nosotros en nuestra alcantarilla de lujo y le tendremos algo bien especial. Esa noche llegué a mi hogar con un frío en el alma y un vacío que solo mis dos hijos y mi mujer pudieron llenar. La escena se repitió en mi mente el resto de la noche, y yo trataba de entender cómo esos muchachos podían encontrarse bien en medio de tanta miseria.

Al día siguiente salí a cumplir mi cita imaginándome qué tipo de comida me darían y cómo iba a hacer para comerla. Cuando llegué allí, mi sorpresa fue grande al ver que me habían preparado un sancocho de gallina con papas, habían limpiado y organizado ese pestilente hueco, y pudimos sentarnos sobre unas piedras y un tronco de madera a almorzar. Mientras compartía con ellos ese momento, llegaban miles de pensamientos y preguntas a mi mente. Una vez terminamos el almuerzo, Amadeo quiso mostrarme orgullosamente dónde dormía con sus *parceros*. Con su mujer me hizo un recorrido por esa cloaca, enseñándome detalladamente cada sitio, sus facilidades de acceso, la ubicación estratégica que la convertía en un lugar muy seguro y su vista natural a un bello parque que tenían enfrente. Me explicó que esa alcantarilla era de lujo porque poseía ventilación natural por dos lados.

Aún recuerdo ese instante sublime en el que abrí los ojos y desperté a una realidad que no quería ver ni aceptar. Entendí que todo en el mundo está orquestado perfectamente bien, dentro de un plan divino y que todo lo que vemos es el resultado de lo que pensamos y sentimos. De Amadeo aprendí muchísimas cosas. Era un muchacho que a pesar de haber vivido en medio de tanta miseria, siempre estaba feliz, alegre y sonriente. Disfrutaba plenamente lo que tenía en el momento, sin importarle lo que no tenía. De él aprendí que los seres humanos vemos el mundo como lo queremos ver.

Desde aquel momento una gran incertidumbre empezó a crecer en mí. Por todos los medios trataba de entender por qué Amadeo podía disfrutar plenamente al comer basura y vivir en ese lugar lleno de ratas y excrementos humanos, según él un lugar de lujo por contar con ventilación y una agradable vista. ¿Por qué tenía esa gran capacidad de asombro para gozar con todo y compartir lo poco que poseía, sin aferrarse a nada?

Arrastrado por las aguas negras del caño que fue durante muchos años su hogar, Amadeo murió dejando en mí una huella que con el paso de los años me hizo entender la importancia de volver a lo básico, lo natural y lo simple, al igual que un niño cuando brinca feliz en un pantano sin importarle la suciedad. Aprendí también a disfrutar no solo lo que ante mis ojos es lindo, limpio y agradable, sino también aquello que es feo, sucio y desagradable.

Entendí que la belleza no está en el exterior, sino en el interior, en la forma de pensar, ver y percibir el mundo. Por eso, desde ese momento me regocijo diariamente con un atardecer, un nuevo amanecer, la sonrisa de un niño, el abrazo de un amigo e incluso con aquello que para el resto del mundo es feo y desagradable.

Todo esto me hizo reflexionar y hacer un alto en el camino. Me pregunté por qué las personas como Amadeo podían ser tan felices viviendo en medio de tanta inmundicia, mientras que otras lo tienen absolutamente todo y viven tristes y amargadas, creen ser felices, o sobreviven pero no disfrutan plenamente la vida.

Fue entonces cuando entendí que todos los seres humanos al nacer venimos con una mente limpia y transparente, producto de nuestro estado de consciencia natural que es el amor. Pero a medida que vamos creciendo, nuestra mente, totalmente abierta al conocimiento, empieza a absorber y a percibir el mundo de acuerdo con lo que estamos experimentando a través de los sentidos. Venimos al mundo totalmente libres, llenos de ilusiones y sueños, dispuestos a experimentar todo, pero de un momento a otro empiezan a encadenarnos y a llenar nuestra mente de culpas, temores, prejuicios y condicionamientos que no nos permiten percibir el mundo como es realmente, sino como los demás quieren que lo veamos.

Por esto es que cada uno de nosotros ve las cosas según lo que tiene en su mente y en su corazón. Si nuestra mente está turbia, percibiremos un mundo opaco o lleno de miedos y angustias, y si nuestro corazón está contaminado, solo percibiremos el miedo que nubla el entendimiento, bloquea la razón y nos aleja del amor que es nuestro estado de consciencia natural y puro. Es entonces cuando ese condicionamiento, que yo considero un virus letal y al cual hemos sido sometidos desde niños por nuestros padres y maestros, y por la sociedad en general, puede afectar la mente y hacer que centremos nuestra felicidad en aquello que pasa en el exterior y no en el interior de nuestro ser.

Lo que elijamos marcará nuestro camino

Salvando a dos niños de las aguas negras

Hace ya algún tiempo vino a Colombia Wayne Weible, un periodista muy famoso y seguidor de la Virgen de Medjugorje, nuestra patrona de la Fundación Niños de los Andes y originaria de Yugoslavia. En una noche de lluvia torrencial, Wayne insistió en que quería ir a ver a los niños que vivían en las cloacas y calles de Bogotá. Esa noche viví una de las escenas más violentas y desgarradoras que un ser humano puede presenciar. Eran las dos de la madrugada y estaba dándoles un pedazo de pan con gaseosa a dos niños. Javier tendría aproximadamente cuatro años y Pablo tendría a lo sumo ocho. En ese instante, se destapó un caño de aguas negras que posiblemente estaba atascado debido a algunos palos que habían hecho una especie de represa artificial y cuando escuché el ruido del agua que se aproximaba, noté que era tan fuerte, que por instinto abrí los pies colocando uno a cada lado del tubo, tratando de estar lo más alto posible para que el agua pasara por debajo y no me arrastrara.

De inmediato levanté aquellas criaturas, una en cada brazo, pero la superficie era supremamente lisa y el agua estaba muy caudalosa, por lo cual tuve que hacer acopio de todas mis fuerzas. Por desgracia, uno de los niños quedó más abajo que el otro y la potencia del agua trataba de arrastrarlo. Yo sentía los brazos totalmente pesados por el esfuerzo continuado y me empezó a dar un calambre en las piernas debido a la posición tan forzada en la que estaba.

De pronto, ocurrió lo inevitable: el niño al que sujetaba con la mano derecha se me empezó a soltar y yo no podía recobrar el equilibrio. Estaba muy asustado y me sentía impotente ante la corriente. Haciendo un gran esfuerzo con mis piernas, traté de incorporarme hacia adelante, pero noté que el calambre ahora era mayor y que sentía un inmenso dolor en la parte inguinal. Aun así traté de sostener al niño, pero me di cuenta de que la corriente era más fuerte que yo y que si no soltaba a alguno de los dos niños, nos iba a arrastrar a los tres. Aunque le insistía en que se aferrara con todas sus fuerzas, finalmente tuve que decidir dejarlo ir, y así empecé a sentir cómo se iban desprendiendo de mi mano, uno a uno, todos los deditos de aquella indefensa criatura.

En un último intento desesperado por agarrarlo, hice un mal movimiento y me resbalé un poco, con lo cual la criatura se acabó de soltar por completo. Las aguas negras se lo llevaron, y seguramente murió ahogado y destrozado por los golpes contra las paredes de aquel lugar inmundo. En ese momento me sentía tan impotente y tan culpable que no percibía ni el dolor físico. Sin embargo, poco a poco las consecuencias del esfuerzo se fueron despertando, y de aquella noche infernal me quedaron una hernia inguinal, que posteriormente me operaron, y otra hernia en el estómago que todavía conservo.

Muchas veces las elecciones que tomamos pueden ser incorrectas, apresuradas o simplemente son una reacción debido al miedo. Lo importante es aprender de la decisión tomada, ya sea correcta o incorrecta. No nos podemos quedar pensando a quién echarle la culpa ni nos podemos quedar con remordimientos por no haber hecho las cosas de una manera diferente.

La vida está llena de elecciones que debemos tomar diariamente y ellas serán las que marcarán nuestro camino. Por eso para llegar a tomar decisiones acertadas debemos escuchar en silencio la voz interior que emana de nuestro corazón, la cual será nuestra verdadera guía.

Cuando tengamos ante los ojos la oportunidad de tomar alguna decisión, preguntémonos si la estamos tomando contaminada y asustados desde el miedo o con consciencia, y tranquilamente desde el amor. Si la tomamos desde el miedo, sufriremos y nos desgastaremos, mientras que si la tomamos basada en el amor, disfrutaremos cada paso que demos en nuestro camino.

Señales divinas

Lecciones de vida aprendidas de mis propias vivencias.

Existen momentos y acontecimientos que impactan fuertemente nuestras vidas, los cuales podemos llamar de múltiples maneras: problemas, golpes, fracasos, frustraciones
o, como en mi caso, señales divinas. Si logramos estar
alerta, despiertos y conscientes, estas señales se convertirán
en nuestra guía e inspiración para tomar nuevos caminos
bajo parámetros distintos que nos lleven a descubrir la
verdadera misión y la razón de estar en este mundo, y así
darle sentido y trascendencia a nuestra vida.

La mayoría de las veces estas señales vienen enmas
caradas en una apariencia fría, caótica y repugnante que
no nos permite ver claro qué es lo que está frente a nuestros ojos, y no nos damos cuenta de que lo que nos está
sucediendo es simplemente un gran bien con una falsa
apariencia de mal, que no es un castigo, sino un regalo y
que no nos debemos preguntar por qué nos está sucediendo
eso, sino para qué.

Para lograr interpretar asertivamente estas señales y
descubrir su mensaje oculto, debemos abrir nuestra mente
y nuestro corazón y liberarnos de esas creencias y barreras
mentales contaminadas por el miedo, que nos nublan el entendimiento y bloquean la razón. Al observar atentamente

ese miedo camuflado, podremos identificar de dónde viene, comprenderlo y enfrentarlo. En ese instante mágico el miedo se desintegra y el amor emerge de la oscuridad a la luz. Cuando encontramos que el miedo quedó pulverizado, la luz de la consciencia pura, que es el amor, será nuestra guía. Entonces, nuestra mente se iluminará, nuestro corazón rebosará de gozo y nuestro espíritu abrirá las alas y volaremos tan alto, que entenderemos que realmente hemos venido a este mundo a soñar, amar, perdonar y servir, y ante todo a SER felices, disfrutando plenamente cada paso que demos en nuestro camino al encontrar el amor en cada cosa simple que hacemos.

El día en que conocí el infierno

Historia de la niña que vivía en las alcantarillas

A lo largo de mi infancia y de mi adolescencia recibí diferentes señales —cada vez más claras, con los mismos elementos y personajes— que de una u otra manera me inspiraron para soñar y actuar. Recuerdo perfectamente que en la Navidad de 1973 la señal fue tan fuerte que me iluminó para encontrar mi verdadera misión en este mundo cuando vi a una niña de la calle que murió llena de ilusión por recoger una caja vacía de una muñeca que había caído de un carro. Desde ese momento empecé a recorrer las calles para llevar a aquellos niños y niñas un pedazo de pan, para tratar de calmar su dolor, ayudarles a sanar las heridas del alma y darles una luz de esperanza para salir de la oscuridad en la que viven.

Unos años más tarde, camino al trabajo, la vía por la que transitaba se hallaba bloqueada por un gran tumulto de gente. Me bajé del auto, caminé hacia el puente al que todos se dirigían y nuevamente encontré en el piso a una niña, al parecer atropellada por un auto, revolcándose de dolor y con la cara totalmente ensangrentada. De inmediato recordé a la niña que perdió la vida en la Navidad de 1973 y reconocí que se trataba de otra señal que Dios me enviaba. Rápidamente la alcé del piso y la llevé al hospital más cercano. Esperé y poco después, para mi sorpresa, el médico salió acompañado por ella y me explicó que no había sido atropellada por un auto, sino que había sufrido un ataque de epilepsia y que al caer se había golpeado contra el andén y por ello había sangrado.

Sorprendido y feliz de que la niña se encontrara bien, la abracé y le pregunté dónde vivía, para llevarla con sus padres. Tímidamente me contestó que no tenía padres y que vivía en la alcantarilla debajo del puente donde yo la había recogido. Nunca antes en mi vida había oído acerca de niños que vivieran debajo de la ciudad.

Inmediatamente salimos hacia allá. Lleno de curiosidad y asombro, entré con ella en un agua helada, espesa y hedionda. Mis pies se empezaron a enfriar al contacto con una superficie totalmente babosa y lisa. A medida que entramos, el aire se hizo más denso y un calor extraño, unido a un olor fétido, se sentían en el ambiente. Las ratas y las cucarachas deambulaban de un lado a otro, pero la niña caminaba resuelta tratando de iluminar el camino con la luz tenue y titilante de una vela. Metros más adelante me señaló unas tablas atravesadas por encima del nivel del agua negra y de las cuales colgaban trapos viejos, costales y periódicos húmedos. Me presentó a sus compañeros de *parche*, y yo no podía creer lo que mis ojos veían. Me sentía en un verdadero infierno.

En ese instante, en ese lugar en que la noche era eterna y la desesperanza y el miedo reinaban, mi cuerpo se congeló, mi corazón se arrugó, mi mente se nubló... Pero mi espíritu se iluminó: rebosante de fe, pasión y amor, visualicé mi gran sueño de rescatar del desamor, uno a uno, a todos los hijos de la oscuridad de mi amada Colombia. Así, empecé a contar mi sueño a todas las personas a las que me encontraba. Unas me ayudaron, otras se burlaron de mí, otras me criticaron y otras dijeron que simplemente estaba loco de remate.

En ese momento tuve dos opciones: escuchar a los asesinos de sueños que me criticaban y cuestionaban diciéndome que no fuera iluso, que les pusiera límites a los sueños, que eran un imposible, un problema que le competía al gobierno, que eran muchos los niños de las alcantarillas y que yo no podía sacarlos a todos, que eso era muy peligroso pues me podían atracar o me podía enfermar de tifo, hepatitis o lepra. Mi otra opción era escuchar mi voz interior y mi corazón para poder amar sin límites lo que estaba haciendo y actuar con pasión, perseverancia y coraje a pesar de que la mayoría estuviera en desacuerdo o en franca oposición con mis sueños.

Después de todos estos años, si yo no hubiera escuchado a la voz de mi corazón, sino la de los demás, miles de niños y niñas a quienes se les dio la oportunidad de cambiar y que aprendieron a soñar en la Fundación Niños de los Andes, aún estarían viviendo en la oscuridad.

Encontrando el sentido de vida

El Papá Noel de las calles

Era la Navidad de 1973. Yo iba caminando por la calle cuando de repente pasó un carro, del cual se cayó la caja de una muñeca. Los limosneros y niños de la calle se dieron cuenta y de inmediato corrieron hacia ella. Una niña, en un arrebato de alegría que contrastaba con su pobreza, levantó la caja. Me estaba mirando, sonriente, y yo le devolví la mirada y la sonrisa. La expresión de su rostro decía claramente: «¡Mire lo que me encontré!». Estaba complacida, radiante. En ese momento, por estar mirándonos, ninguno de los dos se dio cuenta de que una tractomula venía a gran velocidad. El camionero frenó en seco, pero ya era demasiado tarde: el lado derecho del remolque aplastó a la niña contra el pavimento. Cuando mis ojos vieron aquella desgarradora escena, y más aun cuando vi que la caja estaba vacía, entendí cuál era mi misión en este mundo.

Con todo el frío y el dolor, que sentía en aquel momento, conseguí un disfraz de Papá Noel. Compré unos cien regalos que no valían nada —unos cuantos pesos de aquella época— y salí esa noche vestido de Papá Noel a repartir regalos a los niños de la calle. Encontré que cada uno de ellos vivía un infierno rodeado de la más inmensa pobreza y, como si esto fuera poco, muchos tenían terribles defectos físicos que ahondaban aún más su condición de miseria. Al ver que había niños quemados, discapacitados y heridos comencé a llevarlos a los hospitales para que recibieran tratamiento médico, con la idea de darles más tarde los medios para que se convirtieran en personas autosuficientes. De esta manera, empecé a repartirles cajas de lustrar zapatos, equipos para limpiar carros, bicicletas viejas... siempre bajo la filosofía: «No hay que darles el pescado, hay que enseñarles a pescar».

Poco a poco, muchos de esos niños fueron recibiendo cuidados médicos, y luego los fui instalando en casas muy pobres, con mamás supremamente humildes pero de un corazón inmenso, que los rodeaban del amor que solo una madre sabe dar. Yo les pagaba la pensión para la alimentación y el colegio, y para que cuidaran de ellos. Así nacieron, en aquella Navidad de 1973, los hogares sustitutos donde los niños, poco a poco, se fueron educando. Posteriormente, muchos de ellos fueron a trabajar en la industria petrolera porque al ser ese mi campo de actividad profesional me resultaba relativamente fácil conseguirles empleo en las diferentes áreas de la exploración de petróleo.

Un día abrí mis ojos y con gran asombro y alegría pude ver que habían pasado por la Fundación Niños de los Andes más de 65 000 niños y niñas que redescubrieron sus vidas y encontraron la riqueza más grande que está en sus corazones: la paz interior y el amor. Esto los ha inspirado y los ha movido a actuar y dar lo mejor de ellos a los demás y, al compartir y servir, crecen, trascienden y dejan huella.

La cosecha que tienes hoy, buena o mala, no es importante, pues es el resultado de lo que sembraste ayer. Lo importante es lo que siembres hoy en tu mente y en tu corazón, porque será lo que cosecharás mañana.

Si hoy estás visualizando un gran sueño para darle sentido a tu vida, para poder crecer, trascender y dejar una huella en este mundo pero no actúas de inmediato, muy probablemente ese gran sueño se convertirá en una gran pesadilla y en tu mayor frustración. Si no luchas por tus sueños, terminarás trabajando por los sueños de los demás.

Lo más importante en un sueño no es lograrlo, es disfrutar intensamente cada paso que das en su realización, porque la felicidad no está al final, es el camino. Tu gran desafío a partir de hoy será encontrar el amor en cada cosa simple que haces.

Y recuerda siempre que en tu interior está la fuerza poderosa que te ayudará a transformar el miedo en amor, la desidia en acción y la indiferencia en un plan de acción concreto para poder vencer esos obstáculos que impides darle un sentido real a tu vida.

Frente a frente con la muerte

No te preguntes por qué sucedieron las cosas sino para qué

Desde pequeño he sentido fascinación por todos los deportes relacionados con el agua y el aire, por lo que cada vez que tengo la oportunidad en mis viajes me tomo un tiempo para disfrutar de esta pasión. Sin embargo, nunca imaginé que en un día mágico, esta fascinación por volar me fuera a dar una gran lección de vida.

Aún recuerdo esos momentos de plenitud al estar volando libre como el viento, apreciando la belleza de los colores contrastados, de los azules del mar contra los verdes de la montaña, mientras disfrutaba de una paz indescriptible que solo se siente cuando estás en comunión total con la naturaleza. En un momento perfecto como este, cuando logras una armonía total entre cuerpo, mente y espíritu, y cuando te sientes más vivo que nunca, lo que menos te imaginas es que todo se pueda derrumbar, colapsar, y de un momento a otro puedes llegar a estar frente a frente con la muerte.

Cuando estaba en medio de mi placentero vuelo en parapente, de súbito apareció ante mis ojos un cable de alta tensión. Por tratar de esquivarlo perdí el control del parapente, y un viento de cola intempestivamente me levantó y me estrelló con violencia contra un árbol. Mi cabeza quedó incrustada dentro de la Y formada por sus ramas. La velocidad y la inercia del impacto me lanzaron hacia atrás haciendo una voltereta y quedé ahorcado y suspendido en el árbol por más de cinco minutos, mientras que los otros dos compañeros que venían volando conmigo llegaron a ayudarme.

En ese momento, totalmente aterrorizados después de un gran esfuerzo, pudieron bajarme con vida del árbol y me llevaron al hospital más cercano donde me hicieron una revisión general. Los médicos aparentemente no vieron nada raro y me dieron de alta. Sin embargo, después del golpe sucedieron varios episodios y la situación se hizo más delicada. Dos días después, perdí el habla y la visión, y llegué a presentar una afasia cerebral. Lo que nadie sabía en ese momento es que en mi cabeza se estaban formando un hematoma, un aneurisma y un derrame epidural, por lo que me tuvieron que llevar de urgencia al hospital para ser intervenido quirúrgicamente varias veces.

En ese momento de incertidumbre tu mente te dispara miles de pensamientos negativos, inconscientes y repetitivos de angustia y ansiedad; esa espantosa realidad es tan cegadora que nubla la razón y el entendimiento. Es un momento en el que te sientes tan vacío y frágil que agachas la cabeza y lo único que queda por hacer es soltarse en las manos de Dios y simplemente dejar que las cosas fluyan.

Todo se orquesta dentro de un plan divino y pienso que dentro del plan que Dios me tiene asignado, aún mi misión no ha llegado a su fin, razón por la cual en aquel momento en que la muerte me coqueteaba y me estrechaba en sus brazos, pude soltarme y regresar a la vida. Creo que esto que me sucedió es una señal más, de todas las que he tenido durante mis 54 años de vida, que me inspirará a cumplir la nueva misión que Dios tiene trazada para mí.

Después de salir de cuidados intensivos —exilio en el que estaba reducido a una existencia limitada—, y de creer que estaba finalmente cerca a la tan anhelada recuperación definitiva, comencé a experimentar con melancolía cómo un cúmulo continuo de pequeñas catástrofes inesperadas moldeaban mi ego. Vi cómo una a una mis facultades mentales, motrices y sensoriales se iban mermando y deteriorando. Totalmente desconcertado, sin poder hacer nada, poco a poco fui perdiendo la memoria reciente, el olfato, el gusto, el tacto y la visión se volvió totalmente difusa (llena de rayos que se refractan en un espectro multicolor), y el dolor desgarrador en mi cuello cada día se intensificaba.

En este proceso, el amor que he recibido de todos mis seres queridos y de cada persona que de alguna manera ha entrado en contacto conmigo; las oraciones y plegarias que con tanto fervor han hecho por mí, la meditación y la visualización creativa que me han acompañado en cada instante se convirtieron en mi bálsamo sanador y han transformado mi dolor en esperanza, alegría y paz interior.

Siempre he creído firmemente que todos tenemos dos opciones y tenemos el libre albedrío para elegir conscientemente con cuál nos quedamos. Podemos tercamente no aceptar lo que pasó, ver lo que está sucediendo como un castigo divino, llenarnos de miedo, angustia, culpa y desesperación, concentrando toda nuestra energía en lo que estamos sufriendo, en la enfermedad o la pérdida, y como consecuencia atraer eso a nuestras vidas y hacer que las cosas sean más difíciles. O podemos elegir conscientemente, aceptar y comprender que eso que nos sucedió, más que un obstáculo, es un peldaño en nuestro camino para ascender y crecer.

Por eso es tan importante concentrar toda nuestra energía en el entrecejo, para visualizarnos sanos, dejando el papel de víctimas, agradeciendo y apreciando todas las cosas buenas que tenemos, y canalizar toda nuestra energía, fe, pasión y amor, para que podamos encontrar la luz que hay al final del túnel y así, en medio de la incertidumbre, conservar la calma. Tal como lo hace la flor de loto que permanece imperturbable en medio del agua bulliciosa que pasa a su alrededor y solo toma de ella lo que necesita para nutrirse y jamás hundirse.

Por eso, no te preguntes por qué sucedieron las cosas, sino para qué. ¿Qué es lo que tienes que aprender? Recuerda que la semilla de la sabiduría es la ignorancia. ¿Por qué tenemos que esperar la proximidad de la muerte para tomar consciencia y empezar a vivir? Hoy es tu gran día, abre las alas a la imaginación y a la creatividad y, sin importar en qué estado emocional o de salud te encuentres, déjate llevar sin oponer resistencia.

Elige vivir y disfrutar alegremente tu vida

Los monjes que se reían al amanecer

Una de las herramientas más poderosas que existen para manejar los problemas la experimenté hace algunos años cuando hice el ascenso al monasterio en el Tíbet donde realicé un ayuno durante cuarenta días y cuarenta noches, sin comida, en silencio y tomando únicamente agua y orines. Cada día que pasaba vivía experiencias sorprendentes que me dejaban una gran enseñanza, como la de aprender a reírnos de nosotros mismos.

Aún recuerdo cuando en el monasterio escuché a las cuatro de la mañana a uno de los monjes reírse estruendosamente, emitiendo unas carcajadas que resonaban por todo el lugar. Con gran curiosidad fui a ver de dónde venía esa risa y encontré al monje en su cuarto, con una vela encendida, mirando hacia arriba y riéndose sin ningún motivo aparente. Inmediatamente lo que se me vino a la cabeza, fue: «Humm, este está más loco que yo.

¿A las cuatro de la mañana riéndose de esa manera, sin ninguna razón?». Y no había terminado de pensar eso cuando otros monjes también comenzaron a reírse fuertemente. Sin entender lo que pasaba, por un momento pensé que se burlaban de mí, y como yo estaba en ayuno y en silencio no podía preguntar lo que sucedía. Unos días después entendí que se trata de un ritual sagrado para liberar endorfinas, lo que hace que desaparezca el estrés y se fortalezca el sistema inmunológico.

Nos han programado para sufrir, ponernos tristes, estresarnos o llorar cuando tenemos un problema, pero la mejor salida, créelo o no, es la risa, un remedio infalible contra cualquier problema o emoción negativa que estés experimentando. La risa es la sensación y la experiencia más sagrada, porque es la conexión mágica de tu mente con tu cuerpo y tu espíritu que te relaja, libera, purifica, rejuvenece, sana, te revitaliza y hace que sientas una alegría desbordante hasta llevarte a un estado de integración total con tu centro, con tu ser. En ese momento, tu mente se aquieta y experimentas esa sensación natural y exótica de no-mente, que es el objetivo final de la meditación. En ese momento, tu imaginación y tu creatividad te propulsarán a buscar la solución al obstáculo o al bloqueo emocional que te está perturbando.

Cuando tengas un problema, antes de reaccionar de forma intempestiva, inhala profundamente por la nariz, contrae el vientre lo máximo que puedas y guarda el aire por unos cinco segundos, dibuja una sonrisa en tus labios, y en el momento de exhalar mira hacia arriba y emite una carcajada sonora desde tu vientre y sostenla por el mayor tiempo que puedas. Haz este ejercicio siete veces seguidas y después en silencio observa el problema desde una posición perceptual diferente como si le sucediera a otra persona y lo estuvieras viendo en la pantalla del televisor, y utiliza el poder de tu imaginación y creatividad para salir de la situación en la que estás, eligiendo desde el amor y nunca desde el miedo.

Cuando te tomas la vida tan en serio, dejas realmente de vivirla, y por más que te cuides y no te arriesgues, la única verdad absoluta es que de esta vida no vas a salir vivo. Elige entonces vivirla de una forma placentera y alegre, para que la risa aparezca como un rayo de luz resplandeciente en tus momentos más oscuros.

Lo importante es que tu espíritu no se arrugue y esté rebosante de gozo

Mi madre y el agua de rosas

El 10 de febrero, día en que Tina, mi madre, partió para la eternidad, mi corazón se arrugó y mi espíritu tambaleó, ya que totalmente sorprendido, no podía entender por qué y cómo de un momento a otro, alguien como ella llena de vitalidad y alegría, de repente desaparecía. Experimenté sentimientos opuestos de dolor y alegría, y de una tristeza infinita, al ver que un ser tan maravilloso y lleno de luz y amor había quedado reducido a cenizas, dejando impregnado el ambiente de esa presencia ausente y de ese aroma de amor incondicional por los demás.

Estando en esos días de duelo en Manizales, rodeado de mi familia, me llegó un correo con el tema que debía escribir para una revista: «Belleza antiedad, Día de la Mujer». No podía creer que el artículo que debía escribir, acabando de morir mi madre, fuera este. Primero, porque mi madre era la mejor representante de lo que significa ser bella a pesar de la edad, y segundo, porque quién más especial que ella para rendirle un gran homenaje en el Día de la Mujer.

Entre sus «secreticos para la eterna juventud» estaban el agua de rosas y Acid Mantle. Siempre que le preguntaban qué hacía para mantener a sus 75 años una piel increíblemente hermosa sin haberse realizado ninguna cirugía plástica ni tratamientos invasivos (piel que envidiaban todas las mujeres que la conocían), decía que usaba esos dos productos.

Aún recuerdo aquel día en el que regresó de la Embajada de Estados Unidos donde había estado renovando su visa para viajar a ese país. Entre divertida y molesta nos contó que cuando había llegado a la embajada había mucha gente haciendo fila, por lo que se imaginó que se iba a tardar muchísimo, pero se dio cuenta de que había otra fila especial para personas de la tercera edad, a quienes atendían más rápido. Apenas vio eso, se fue feliz a hacer la fila, pero cuando las personas que estaban allí la vieron llegar le dijeron que estaba equivocada, porque esa fila era solo para personas mayores de sesenta años. Ella, sorprendida, sacó su cédula y les mostró que había cumplido 74 años, por lo que todos quedaron impactados por su apariencia joven y su piel lozana. Al contarnos esta anécdota se reía feliz a carcajadas y nos decía que esa agüita de rosas definitivamente hacía milagros.

Cuando viajé a Manizales a visitar a mi madre quien se encontraba en cuidados intensivos en el hospital, al borde de la muerte, nuevamente el agüita milagrosa formó parte importante de su vida. Lo primero que hizo cuando entré en el cuarto fue decirme con la voz entrecortada que le pasara el agua de rosas y un polvito para la cara, que estaban en una bolsita en el piso, y que le consiguiera una maleta para tener todo guardado ahí. Yo no podía creer que alguien en ese estado de salud tan delicado pudiera estar pidiendo agua de rosas para limpiarse la piel y se aplicara polvo facial para verse bien, pero así era mi adorada mamá.

Una mujer que dejó una gran huella en mi corazón, no por su apariencia joven, de la que se sentía tan orgullosa, sino por todo lo que significó como ser humano. No hay palabras para describir a mi vieja del alma, quien fue una fuente inagotable de amor y una persona llena de ilusiones; siempre soñaba con hacer un mundo mejor para cada persona que encontraba en su camino, sin importar si eran sus hijos, esposo, familia, niños de la Fundación, mendigos, ancianos o enfermos. Cuando salí de la iglesia en compañía de mi padre cargando sus cenizas, en medio de la ovación y los aplausos que hacían los presentes a esta angelita que se había ido, pude ver que la huella que ella había dejado en tantos corazones permanecería indeleble y la haría inmortal, porque su legado de amor incondicional siempre quedará vivo en nuestra memoria. Hoy, aunque en esta Tierra ya solamente quedan sus cenizas, su espíritu vivirá y resplandecerá más que nunca en mi corazón y en el de todos los que tanto la quisieron. Por eso, cada vez que miro hacia el cielo y veo una estrella en el firmamento, pienso que es ella que me ilumina con su luz y me recuerda que debo alegrarme porque está en paz con Dios, disfrutando lo que sembró en la Tierra.

Cada día que pase llegarán nuevos recuerdos de ella a mi mente, pero cada uno de ellos tendrá una enseñanza, un legado. Mi madre, a pesar de su edad, nunca se sintió vieja, y por ende nunca se vio vieja, todo lo contrario, siempre estaba sonriente y se sentía feliz de su apariencia.

Por eso, hoy te digo que si sientes que tu juventud está quedando atrás y que tu cuerpo está cambiando, aprécialo y disfrútalo, porque realmente lo más importante es lo que hay dentro de ti, en lo más profundo de tu corazón. Revisa cómo te tratas a ti misma, porque si comienzas a quejarte, a lamentarte y a pensar constantemente que estás vieja, arrugada y acabada, comenzarás a sufrir, y si ves la realidad, por más tratamientos que te hagas, tu cuerpo tarde o temprano envejecerá; lo importante es que tu espíritu no se arrugue sino que permanezca rebosante de gozo, juventud y alegría, ya que él te hará disfrutar plenamente tu vida.

A ti, Tina querida, gracias por haber existido, por habernos enseñado tantas cosas y por haberme dado la vida. Sé que desde el cielo estás viendo cómo cada uno de nosotros cultivamos las semillas que dejaste plantadas en nuestros corazones.

Borrar las heridas de la mente y del espíritu

La pesadilla de Alejandra

Mi hija Alejandra nunca imaginó al levantarse que en aquel día soleado, tranquilo y hermoso podía llegar a suceder aquello que solo estaba acostumbrada a ver en películas de terror en las cuales lo único que se nos ocurre pensar es que gracias a Dios no somos los protagonistas. Pero ese día, que quedará guardado entre sus recuerdos para siempre como la pesadilla que nunca debió haber sucedido, le mostró que todos somos vulnerables y podemos ser víctimas de la maldad, fruto de la inconsciencia del ser humano.

Mientras Alejandra vivía la pesadilla, yo me encontraba disfrutando una de mis sesiones de meditación y nunca imaginé que ella estaba siendo presa de un ataque vil y aterrador. No solo la amarraron, golpearon y amordazaron, sino que además le hicieron cuatro heridas con un cuchillo de sierra en la cara, el cuello, la mano y la pierna derechas, cuando les mostraba una de las casas de nuestra fundación a unas personas que decían estar interesadas en comprarla. Los atacantes la dejaron muy herida y golpeada, encerrada en un cuarto de la casa, abandonaron rápidamente el lugar y se robaron su carro y sus pertenencias.

Físicamente impedida y aún llena de miedo de pensar que los maleantes podían regresar, se arrastró durante quince minutos hasta llegar a la puerta principal de la casa y por un vidrio roto comenzó a tratar de gritar para que alguien la ayudara. Las personas que pasaban por allí la podían ver arrodillada, amordazada e indefensa, pero llenas de miedo e indiferentes, seguían de largo. Finalmente, solo un vecino se apiadó y llamó a la policía, la rescataron y la llevaron en la patrulla hasta una de las sedes de la Fundación Niños de los Andes.

Cuando escuché por teléfono la voz entrecortada y temblorosa de mi hija, pero en medio de todo calmada para no matarme del susto, explicándome que la habían atacado, que estaba herida, sangrando profusamente y que le habían robado el carro, salí inmediatamente a interceptarla en el camino para llevarla a la clínica. Yo trataba inútilmente de llegar a su encuentro, pensando solamente en cuánto tiempo iba a durar sin desangrarse, y solo esperando encontrarla con vida. En ese momento se me vinieron a la mente miles de pensamientos, me preguntaba si su carita iba a estar desfigurada, si podía quedar inválida, si su espíritu se iba a arrugar después de esto. En fin, fueron momentos salvajes en los que cada vez que hablaba con ella solo me preguntaba dónde iba, cuánto me faltaba para llegar, y yo, metido en el tráfico infernal de Bogotá, solo acataba a decirle que ya estaba llegando, ¡que resistiera!

Finalmente, llegamos a la Clínica del Country donde le hicieron las curaciones y luego la cirugía plástica en la cara, el cuello, la mano y la pierna derechas.

Cuando observaba a mi niña retorcerse del dolor en urgencias, solo podía darle gracias a Dios por haberme permitido estar allí y ver que aquellos seres tan oscuros no pudieron apagar la vida de esta mujer de 28 años llena de sueños e ilusiones. Y mientras la acompañaba le preguntaba a Dios y reflexionaba en mi interior: ¿Por qué le pasó esto a ella y no a mí? ¿Por qué, si toda mi vida la he dedicado a ayudar de manera incondicional a todos esos seres que viven en la oscuridad, y si mi hija está en ese mismo camino, nos tenía que pasar esto? ¿Por qué trataron de truncarle sus sueños? ¿Qué tenemos que aprender de esta lección?

Después de haber estado observándome en silencio, encuentro que esto fue una prueba más en nuestro camino para poder evolucionar y trascender el miedo. Y ahora que mi espíritu golpeado comienza a retornar a su centro, a su ser, le doy gracias a Dios porque aún tengo el privilegio de poder ver esa chispa divina e inocente en los ojos de mi hija; la fortuna de poder ver su sonrisa pura, descomplicada y amorosa; la alegría de poder mirarla a los ojos y decirle cuánto la amo, y la oportunidad de poder darle una voz de aliento para que a pesar de que hayan querido acallar su voz y extinguir el fuego de la pasión por la vida y el servicio incondicional a los demás continúe su camino, y a través del amor y el perdón logre que las huellas rencorosas de ese puñal asesino que quedarán marcadas en su cuerpo por el resto de su vida puedan ser borradas de su mente y de su espíritu para siempre.

Hoy, cuando ya pasó el gran susto y el peligro de muerte, cuando me doy cuenta una vez más con gran asombro de nuestra fragilidad y veo que la seguridad a la que tanto nos aferramos y con la que tanto nos desgastamos no existe porque tarde o temprano partiremos para la eternidad, solo puedo darle gracias a Dios por haberle dado a mi hija Alejandra una nueva oportunidad.

La diferencia está en vencer la indiferencia

Brochazos de amor

Aún recuerdo cuando hace algunos años subí al Cerro del Ahorcado en Ciudad Bolívar de Bogotá a realizar mi meditación diaria al amanecer. Estando sentado en total plenitud en la cima de una de esas montañas, al abrir mis ojos pude observar los techos y paredes de innumerables tugurios y casuchas que abarcaban la inmensidad de las montañas que me rodeaban. Casi todas las paredes de esos tugurios estaban hechas de cartón, latas, pedazos de madera y plásticos; los techos eran de latas oxidadas a las que les colocaban piedras encima para que no se levantaran con el viento y los pisos de tierra polvorienta hacían ver lúgubre el paisaje.

También recuerdo perfectamente aquella penumbra llena de humo negro proveniente de los fogones de leña y queroseno que salía de cada una de las casitas, y me podía imaginar fácilmente cómo era el frío helado e invernal que debía entrar por las rendijas y los huecos de las paredes y techos de aquellos tugurios, pues aquel frío recalcitrante que calaba mis huesos era el mismo que soportaban los que vivían allí. También pude imaginarme a aquellos seres humanos sin esperanzas, que quizás tenían como único sueño levantarse para conseguir un pedazo de pan y agua para su sustento diario, y debían sentir permanentemente el dolor de haber nacido allí.

Fue así como en ese momento mágico pude visualizar el gran sueño de pintar de múltiples colores vivos y fuertes cada una de esas casitas, y de que cada hogar que fuese pintado tuviese además un grupo de diez padrinos que bajo la filosofía de «No hay que dar el pescado, hay que enseñar a pescar», desarrollaran con ellos un proyecto de vida autosostenible en el tiempo, crearan estrategias para mejorar su calidad de vida y se convirtieran en su nueva familia extendida.

Ese fue el comienzo de «Brochazos de Amor», campaña en la que hemos podido disfrutar de la compañía de miles de voluntarios llenos de amor que han inspirado y dado lo mejor de sí a los miles de corazones que se han encontrado durante este tiempo. «Brochazos de Amor» nació con el lema de «Sábado servicial, rumba espiritual», en muchas ciudades de nuestro país. Además de haber pintado sus casas, después de todos estos años, en más de 23 700 hogares se han comenzado a liderar y desarrollar proyectos de vida autosostenible, generando educación, empleo, salud, y lo más importante: paz, esperanza y amor en todos esos corazones.

Rompe la rutina porque la rutina mata el amor. Dale un nuevo sentido a tu vida, para que un nuevo aire oxigene tu espíritu y sea tu gran propulsor y aliado incondicional. Cuando experimentes el verdadero placer de dar incondicionalmente, la alegría, el gozo y la dicha que sentirás al impactar tantas vidas hará que tu mente se ilumine, que tu corazón rebose de alegría y que tu espíritu abra las alas, y volarás tan alto que el cielo se hará pequeño para ti.

Un oasis en medio del desierto

Mis amigos que soñaron con un mundo mejor

A finales de los años setenta, al terminar mis estudios y mi maestría en prospección geofísica y exploración de petróleo en Alemania y Austria, comencé a trabajar en Colombia y Venezuela con una multinacional petrolera. Como mi trabajo era la exploración geofísica, tenía que supervisar la adquisición de datos sísmicos en lugares generalmente selváticos y vírgenes donde vivían comunidades de muy bajos recursos económicos. En contraste con esto, me impactaba ver cómo alrededor del mundo petrolero se veía tanta ostentación y riqueza, con todos aquellos helicópteros, *trailers* gigantescos, equipos sofisticados, bufés y reuniones sociales que se tenían en nuestros campamentos privados donde parecía no existir un límite en el derroche de dinero, ya que vivíamos en la bonanza petrolera. Esto era como estar en un oasis en medio del desierto.

Poco a poco fui viendo y comparando la diferencia en la forma de vida nuestra y de las personas que vivían a nuestro alrededor en aldeas cercanas o pueblos. Comencé a ver que ellos reciclaban todo lo que nosotros desechábamos y botábamos; recogían la comida que sobraba, medicamentos vencidos, revistas, repuestos dañados, etc. Observaba que cuando cualquiera de nosotros se enfermaba o cuando sucedía un accidente, éramos transportados inmediatamente a la ciudad más cercana en helicóptero o en cualquier medio de transporte para que recibiéramos la mejor atención médica, mientras que ellos fácilmente podían morir en sus casas por falta de dinero para transportarse hasta el hospital más cercano. Y veía cómo mientras nosotros teníamos un trabajo bien remunerado y vivíamos cómodamente, ellos se aglomeraban alrededor de nuestros campamentos días y semanas enteras, formando una malla humana que obstaculizaba la entrada, esperando cualquier oportunidad de trabajo, así fuera temporal.

Todos estos contrastes me sacudían interiormente y me inspiraron a buscar soluciones y alternativas para que esas personas pudieran tener nuevas oportunidades de vida. Así logré convencer a cada uno de los directivos de la compañía sobre la importancia de dar sin esperar recibir nada a cambio. Les hice ver y sentir que en nuestras manos estaba el poder para ayudar a estas personas y que teníamos todos los medios para hacerlo. Kirk Girouard, gerente general de Western Geophysical en esa época, con su gran corazón, inteligencia y visión apoyó la iniciativa, por lo que comenzamos a crear una red de apoyo que se fue expandiendo y contagió los corazones de la mayoría de los integrantes de nuestro equipo de trabajo. Cada uno de los que se involucró en el proyecto trabajó motivado por el amor a los demás.

Esta idea se inició en Maracaibo, Venezuela, y se replicó después en Colombia y otros países de América. Comenzamos a trabajar con las comunidades bajo la filosofía de «no dar el pescado sino enseñar a pescar», les conseguimos máquinas de coser y materiales para que ellos pudieran hacer los uniformes y la lencería que necesitábamos nosotros; a los maestros de las escuelas les colaboramos brindándoles el material necesario para sus alumnos y mejorando la infraestructura; realizamos campañas médicas para nutrir y prevenir las enferme-dades, ya que en esa época la malaria, el paludismo, la hepatitis, entre otras, eran prácticamente mortales; empezamos a hacer pequeñas microempresas y coo-perativas para que nos suministraran los insumos que necesitábamos en nuestros campamentos; trabajábamos con los centros de salud en programas de nutrición y complementábamos los tratamientos médicos con acu-puntura y sanación pránica (ya que esto lo había apren-dido yo en Europa y Oriente).

Esta experiencia fue inolvidable, tocó muchos co-razones, no solo de quienes recibían la ayuda, sino también de todos los que la dábamos, y nos dejó una gran satisfacción. Lo que más nos sorprendió fue que aumentó la producción, bajaron los costos y todos fuimos recompensados. Hace poco me encontré con dos compañeros de trabajo de esa época, quienes con alegría y nostalgia recordaron con lujo de detalles aquellos momentos que se convirtieron en inolvidables.

Cuando menos lo esperas, ante tus ojos se abre la gran oportunidad de ayudar a los demás. Sin importar dónde te encuentres, qué trabajo o estudio estés desarrollando, si tienes dinero o no, en ti está el poder de crear los medios necesarios para que los que están a tu alrededor se involucren activamente en el desarrollo de proyectos que beneficien a la gente.

Para poder inspirar a los demás, primero debes estar inspirado tú mismo, debes creer en ti, buscar esos dones y talentos naturales que tienes y explotarlos al máximo. Para comenzar esos proyectos debes observar con la mente y el corazón bien abiertos todo lo que sucede a tu alrededor, siempre teniendo presente que, por pequeño e insignificante que sea tu esfuerzo, cuando actúas valientemente y te arriesgas sin miedo al fracaso, al rechazo o al qué dirán, empezarás a ser una gran diferencia en este planeta Tierra. Estarás impactando, transformando y mejorando la vida de muchas personas que, gracias a ti, encontrarán un motivo más para vivir.

Por eso, no desperdicies nunca la oportunidad sagrada, que toca a tu puerta todos los días, para poderte realizar plenamente y darle sentido, trascendencia y alegría a tu vida.

La agresión deja huellas en el corazón de los niños

Cuando me comparaban con el loco Nazario

Recuerdo que en el colegio todos mis compañeros creían que estaba muy loco, pues era diferente de los demás. Cada vez que me gritaban o me decían «loco», reaccionaba con violencia porque sentía que me comparaban con un famoso loquito callejero llamado Nazario. Este personaje, de barba despoblada como la de un chivo, siempre andaba con la ropa raída y un costal viejo y sucio. Se golpeaba la cabeza y las piernas con los puños, actuaba de manera incoherente y perseguía a los niños que gritaban su nombre. Yo sentía que sus reacciones no tenían sentido y que sus comportamientos eran agresivos, mientras que los míos tenían lógica y razón de ser. Por eso, no aceptaba que me llamaran como a ese loco. Cierta vez un compañero a quien le decíamos «Tamba», mucho más grande y acuerpado que yo, me dijo «loco» y tuvimos una gran pelea de la cual salí totalmente mareado y ensangrentado, con la camisa sin botones, las calzonarias reventadas y un ojo inflamado.

Esas peleas de mi época no tenían tanta trascendencia como la que se le da actualmente en todos los colegios del mundo. Hoy en día vemos cómo este fenómeno llamado *matoneo* (*bullying*) adquiere un protagonismo desbordante que ha generado masacres, muertes, agresiones y suicidios debido al abuso y la intimidación obsesiva por parte de uno o varios niños contra sus propios compañeros. Estos actos de crueldad, irrespeto y humillación están dejando una huella muy grande en el corazón de esos niños, que por innumerables razones como la timidez y los defectos físicos (la obesidad, el acné, el uso de gafas, el busto grande, etc.), se vuelven vulnerables y objeto de agresiones que destruyen su dignidad y sus ganas de ir al colegio y de vivir.

El problema más grande del matoneo, en todos los casos que me ha tocado ver, es que nosotros como padres nunca creemos que nuestro hijo puede ser víctima de las garras crueles de estos verdugos emocionales, o peor aún, nunca imaginamos que nuestro hijo pueda ser un verdugo cruel y maltratador que está haciéndole daño a alguno de sus compañeros o simplemente puede ser un testigo presencial, silencioso, indiferente, que por miedo celebra lo que está sucediendo en contra de su compañero.

El matoneo empieza con una fase en la que aparentemente ese acoso se ve como si fuera un juego o una burla chistosa, y lentamente el grupo se pone en contra del afectado hasta hacerlo sentir culpable, tímido y temeroso de no ser aprobado por sus compañeros. Se ven miles de casos en los que el agredido llega a estados de depresión profunda y ansiedad, situación que fácilmente puede terminar cuando él atenta contra su vida o la del agresor.

Si crees que tu hijo es víctima de matoneo, o que participa en un grupo que está maltratando a otros, o crees que es el líder maltratador, no ignores ni menosprecies el problema, ni busques cómo echarle la culpa a tu hijo. Si fue agredido, no le restes importancia al sentimiento, al dolor o al miedo que está experimentando, ni lo tildes de débil o de tener problemas de integración o socialización.

Debes comenzar por mejorar la comunicación con tu hijo, escuchándolo atentamente sin interrumpirlo y con mucho amor, sin prejuicios, sin juzgar ni etiquetar. No des opiniones ni consejos ni te irrites; cuando realmente estás escuchando, desciendes al corazón de tu hijo y lo puedes inspirar y ayudar para que haga su proceso de transformación interna y pueda despertar.

Lo más importante es que tu hijo fortalezca su interior, que crea en sí mismo y en sus cualidades, dones y talentos. Tú, como padre de familia y guía que eres de tu hijo, puedes ayudarle a encontrar eso.

Todo aquello a lo que te resistes te desgasta y te hace sufrir

Luchando contra la corriente

Hace algunos días salí de paseo con mi hija Alejandra, quien quería ir de canotaje por un caudaloso río. Nos montamos en el bote con el guía y otros amigos, y salimos emocionados a nuestra gran aventura. No habían pasado diez minutos cuando un remolino nos arrastró e hizo que el bote saltara abruptamente. El lado donde yo me encontraba sentado cayó sobre una inmensa piedra e inmediatamente salí volando del bote. Al caer al agua, el remolino me atrapó y me llevó debajo de la lancha. En mi afán por salir y respirar comencé a luchar contra la corriente que era demasiado fuerte, y lo único que conseguí fue quemar energías y comenzar a entrar en pánico al ver que estaba tragando mucha agua y que no podía respirar. Después de unos angustiosos y largos segundos entendí que si no me tranquilizaba y dejaba de luchar contra ese remolino, que era más fuerte que yo, no lograría salir de allí y me ahogaría. Realicé un último esfuerzo, saqué mi cabeza dos segundos por un lado del bote, tomé aire y nuevamente me hundí. Dejé que la corriente me llevara hasta el fondo y me arrastrara, y así pude salir a unos cuantos metros del bote.

Muchas veces ocurren en tu vida acontecimientos que no quieres y tu reacción inmediata es luchar contra ellos, ya que consideras que así lograrás cambiarlos.

Para cambiar algo que te está haciendo daño y desgastando, debes dejar de ir en contra de eso, entendiendo y aceptando la situación tal cual es. Concentra tu energía en buscar nuevas soluciones y alternativas, en vez de girar una y otra vez sobre lo que sucedió. No pongas resistencia, porque todo a lo que te resistes te debilita, y aquello contra lo que luchas es lo que vas a atraer a tu vida.

Enfoca tu atención en las cosas positivas que quieres lograr

La madre Concepción pensaba que yo tenía el diablo adentro

Todas las personas quieren ser felices, pero la mayoría viven desdichadas y están rodeadas de sufrimiento. ¿Por qué?

Desde pequeño, cuando me llevaban a misa diaria obligatoria, los cuadros y estatuas de aquellos hombres que la Iglesia había canonizado me llamaban la atención por el sufrimiento, la amargura, el dolor y la angustia que reflejaban sus rostros. También recuerdo la impresión que sentía al ver sus cuerpos, que habían sido flagelados o mutilados para liberarse de la culpa y expiar los pecados de los demás. Esos hombres se sometían a penitencias absurdas y a una austeridad desmedida para tratar de controlar los placeres que la vida les brindaba y que ellos se negaban a experimentar, ya que eran vistos como pecados. Esos hombres, considerados santos, eran respetados por su sufrimiento.

Aún recuerdo cuando a mis nueve años de edad la madre Concepción me preguntó: —¿Cuando seas grande qué quieres llegar a ser?. Yo le contesté: —Cualquier cosa, menos ser un hombre santo. Por supuesto, ella en medio de su sorpresa me preguntó disgustada cuál era la razón para decir eso. Yo inocentemente le respondí: —Yo quiero ser un hombre alegre y feliz, no un hombre triste, amargado y desdichado como los santos que están en la iglesia y en los libros religiosos que usted nos lee. Todos mis compañeros se rieron de lo que yo pensaba y me castigaron durante un mes sin recreos. Debido a mi respuesta, la madre, muy disgustada, me dijo que yo tenía el diablo adentro y que me iba a condenar en el infierno.

Al igual que en este ejemplo, existen creencias y manifestaciones, tanto religiosas, como sociales, que nos muestran que cuando alguien sufre y es desdichado, los demás le «prestan atención» y lo «cuidan», ya que inspira lástima. Supuestamente nadie es capaz de hacerle daño a una persona que está sufriendo.

De manera inconsciente algunas personas utilizan el sufrimiento para manipular a los demás, para obtener compañía y cariño. La creencia más frecuente es que si tú eres desdichado la gente se apiada de ti, pero si eres una persona feliz, te envidian, te critican y te calumnian.

¿Te has preguntado entonces si el sufrimiento es algo que decidiste atraer a tu vida y no te has dado cuenta? Debes observar detenidamente si cuando estás pasando por un mal momento piensas repetitiva, inconsciente y negativamente en eso que te causa daño y centras tu atención en el dolor, pues al hacer esto comienzas a atraer y crear en tu mundo interior emociones y sentimientos negativos que crecen, se expanden y te roban la paz interior. Analiza muy bien si estás usando el sufrimiento, la tristeza o la culpa para llamar la atención de los demás, porque si es así, estás jugando con candela y podrías llegar a sumirte en un gran sufrimiento que te llevará a vivir una vida sin sentido, llena de angustias, tensión, miedo o depresión, y a eso no has venido a este mundo.

Enfoca toda tu atención en las cosas positivas que quieres lograr, no en las cosas negativas que te están haciendo sufrir. Si adquieres este hábito, podrás ver en muy poco tiempo cómo tu vida dará un vuelco total.

Elige el amor y disfruta intensamente tu vida, dejando que las cosas sigan su curso.

El cielo está en esta Tierra

Hijos, nietos, bisnietos y tataranieta

Han pasado más de treinta años desde el momento en que por primera vez conocí el oscuro mundo de las alcantarillas y sus habitantes. Aún recuerdo aquella linda niña que me guió con su velita hasta ese infierno viviente, lleno de excrementos humanos, ratas y olores nauseabundos. Desde ese momento mi vida tomó otro giro, ya que a pesar de haber ayudado a muchos niños de la calle con anterioridad, esta problemática tan salvaje e inhumana atrajo toda mi atención y energía. Comencé a utilizar el poder de la imaginación y la creatividad para luchar por una causa que hasta ese momento estaba en el limbo. Lo que más me impresionaba de toda esa situación no eran el dolor, el frío y la miseria de quienes vivían allí, sino la indiferencia social, la insensibilidad y el rechazo de toda la gente buena que pudiendo hacer algo decidía no hacerlo.

Empecé entonces, a pesar de no conseguir apoyo ni siquiera de mis mejores amigos, a tratar de ayudar a cada niño, siempre con la misma filosofía de «no dar el pescado, sino enseñar a pescar». La mayoría de la gente me decía que estaba loco y que esa era una obra que debían hacer los curas o el gobierno. Me decían que no perdiera el tiempo en eso porque jamás iba a poder cambiar el problema tan grande que existía. A pesar de miles de críticas, continué con mi propósito. No me importaba si ayudaba a uno o a mil, lo único importante para mí era que esa niña o ese niño al que le daba esperanza y apoyo pudiera encontrar su propia luz en medio de la oscuridad. Recuerdo perfectamente que nunca tuve ninguna expectativa de rescatar a miles de niños, ya que siempre pensaba que para el mundo entero yo simplemente era un desconocido, pero para ese ser humano al que le brindaba mi apoyo, mi luz, mi amor o mi abrigo yo era todo su mundo.

A través de todos estos años he vivido momentos de máximo gozo, dicha, pasión, alegría y éxtasis al estar ayudando a cada ser humano que he encontrado en mi camino. He tenido miles de vivencias espectaculares y muy contrastadas, que van desde la profunda tristeza y melancolía, hasta una gran satisfacción, dicha y alegría.

Recuerdo especialmente cuando en una terrible ocasión en que nuestra querida Colombia estaba sufriendo los golpes de la violencia en todas sus formas, recibí una llamada de uno de los niños de la calle. Estaba aterrorizado y me informó que habían puesto una bomba de alto poder en la alcantarilla donde vivían varios muchachos. De inmediato me desplacé a aquel lugar. Debido a la explosión, las aguas negras y el humo eran supremamente fuertes, pero con la ayuda de la Defensa Civil y los bomberos bajé a la alcantarilla a tratar de buscar a los niños que vivían allí. Al constatar que las paredes se habían derrumbado, comprendí que los niños habían muerto.

Desconsolado y triste porque ni siquiera pude saber qué había pasado con ellos, subí por medio de una cuerda que los bomberos sostenían, pero como había tanto gas tóxico, al llegar a la superficie me sentí muy mareado y la cabeza me daba vueltas como si estuviera bajo los efectos del alcohol.

El personal de la Cruz Roja inmediatamente me trajo oxígeno y me recostaron en el andén. Pero en medio de aquella desolación, confusión y amargura, con las sirenas y los pitos anunciando la muerte, acostado en el andén, rodeado de pedazos de cadáveres incinerados, y sintiendo la más inmensa tristeza que había sentido en toda mi vida, apareció ante mis ojos mi hijo Esteban. Venía a traerme el regulador, el tanque de oxígeno y el traje de caucho, es decir, todo mi equipo de alcantarilla. De inmediato se le acercaron las autoridades, bastante irritadas porque Esteban se había pasado el cordón de seguridad sin autorización. Así que le preguntaron quién era, por qué estaba allí y por qué había entrado sin autorización. De pronto escuché la voz de mi hijo, quien con tono fuerte y resuelto les contestó: —Yo…

yo soy el sucesor, y él… él es mi papá. Al escucharlo se me llenaron los ojos de lágrimas y sentí algo que nunca antes había sentido: era la prolongación de mi existencia. En ese momento entendí que el cielo estaba aquí en la Tierra.

Este sentimiento lo volví a vivir años más tarde cuando me celebraron de sorpresa mis cincuenta años de vida en la Fundación Niños de los Andes y tuve ante mis ojos a cientos de niños y niñas que ayudé, convertidos en felices padres o abuelos. Mi emoción fue muy grande al ver a tantas generaciones llenas de amor y esperanza compartiendo no solo conmigo, sino también con la «Pata», mis dos hijos Esteban y Alejandra, y todo el equipo humano que ha estado siempre apoyándome a lo largo de todos estos años. Fue un sueño hecho realidad.

Por eso, cuando alguien se acerca a mí preguntándome cómo hacer para ayudar, mi consejo siempre será el mismo: «Empieza hoy sin mirar a quién y sin esperar recibir nada a cambio. Puedes hacerlo con un niño, una niña, un anciano, un mendigo, un enfermo, un discapacitado o inclusive con un miembro de tu familia que necesite apoyo. Lo importante es empezar, no quedarse en grandes proyectos, planeaciones y presupuestos, ya que un propósito sin acción es sólo una ilusión».

«Para viajar lejos no hay mejor nave que un libro.»

EMILY DICKINSON

Gracias por tu lectura de este libro.

En **Penguinlibros.club** encontrarás las mejores
recomendaciones de lectura.

Únete a nuestra comunidad y viaja con nosotros.

Penguinlibros.club